DIE

BESTEN REZEPTE

DER BESTEN FOODBLOGGER

CALLWEY

DIE

BESTEN REZEPTE

DER BESTEN FOODBLOGGER

CALLWEY

VORWORT

Gemeinsam mit den Liebsten bei einem guten Mahl
am Tisch zu sitzen ist das Schönste auf der Welt.
Ob man zu einer besonderen Gelegenheit an einer
festlich geschmückten Tafel zusammenkommt oder
einfach ganz entspannt ein unkompliziertes Abendessen
genießt, spielt dabei zunächst einmal gar keine Rolle.
Essen vereint so viele gute Dinge in sich.

Essen und Kochen kann unglaublich meditativ wirken. Dabei zuzusehen, wie aus frischen Zutaten, den eigenen Händen, etwas Zeit und natürlich dem richtigen Rezept Köstliches und Nahrhaftes wird, gleicht doch beinahe Zauberei. Selfcare genau nach meinem, nun ja, Geschmack!

Essen kann auch ein Stück Zuhause bedeuten, wenn man sich weit weg fühlt. Es nährt nicht nur den Körper, sondern auch die Seele. Oder aber es erlaubt eine Reise in der Zeit: Lieblingsgerichte aus der Kindheit versetzen einen kurzerhand zurück an den Küchentisch der geliebten Oma.

Ein großartiges Essen vermag es, luxuriös zu wirken, selbst wenn es wenig gekostet hat – das ist die Kunst des guten Kochens. Kreativität ist der Schlüssel dazu. Doch was, wenn man selbst über wenig kulinarische Kreativität verfügt? Na, dann holt man sich Ideen. Im Internet etwa, auf einem der zahlreichen fabelhaften Foodblogs. Oder eben in diesem wunderschönen Buch.

Ein leckeres Gericht kann uns auf eine kleine kulinarische Reise mitnehmen. Heute steht uns die ganze Welt offen, insbesondere auch in der Küche. Diese Küchenwelt ist derart reich an verführerischen Aromen und köstlichen Gerichten, dass so manche Zubereitungsart schon mal Kopfzerbrechen bereiten kann.

Ein Glück, dass auch dabei das Internet und all die schönen Foodblogs immer eine leckere Antwort zu geben wissen. Mit unzähligen Gerichten, eines köstlicher anzusehen als das andere, da kann einem nur das Wasser im Mund zusammenlaufen. Aber das Internet kann zuweilen recht unübersichtlich sein. Deshalb sind aus der Masse die ausgesuchtesten Foodblogger herausgefiltert und in diesem Kochbuch versammelt worden. Essen und Trinken bringt die Menschen eben auf besondere Weise zusammen.

Viel Spaß beim Nachkochen und Genießen!
Eure Ronja C. Kolls

Dieses Rezept
findest du auf
S. 104.

Dieses Rezept
findest du auf
S. 96.

Dieses Rezept findest du auf S. 18.

VORSPEISEN

Im Restaurant ertappe ich mich häufig dabei, am liebsten alle Vorspeisen auf einmal bestellen zu wollen. In meinen Augen ist eine Vorspeise so viel mehr als bloßer Appetitanreger. Im besten Fall demonstriert sie bereits vor dem eigentlichen Highlight, auf welche Fingerfertigkeit man sich einstellen darf. Sie darf sich dabei ausgefallener gestalten als der Hauptgang und ist gleichzeitig weniger geschmacklich limitiert als das Dessert. Und natürlich kann man sie auch hervorragend als Kleinigkeit für den Hunger zwischendurch zweckentfremden.

Fertig in 20 Minuten – Schwierigkeitsgrad 1

SALAT MIT MOZZARELLA, GEGRILLTEM PFIRSICH UND PINIENKERNEN

Salat mit Mozzarella, gegrilltem Pfirsich und Pinienkernen und dazu frisches Baguette: perfekt als leichtes Sommergericht!

ZUTATEN FÜR 2 PERSONEN

100 g gemischter Blattsalat
1 Handvoll Cocktailtomaten
60 g Mozzarella
2 Pfirsiche
1 handvoll Pinienkerne
1 EL Zitronensaft
3 EL Olivenöl
1 TL Honig
½ TL mittelscharfer Senf
Salz
Pfeffer
½ Baguette

ZUBEREITUNG

1

Den Salat waschen und trocken schütteln. Die Tomaten waschen, putzen und halbieren. Den Mozzarella abtropfen lassen und in Scheiben schneiden. Die Pfirsiche waschen, entkernen, in Scheiben schneiden und in einer Pfanne kurz anbraten. Die Pinienkerne ebenfalls kurz anbraten (Vorsicht, sie werden schnell braun).

2.

Zitronensaft, Olivenöl, Honig und Senf zu einem Dressing verrühren. Mit Salz und Pfeffer abschmecken.

3.

Blattsalat, Mozzarella, Tomaten und Pfirsiche in einer Schüssel anrichten. Die Pinienkerne und das Dressing darübergeben. Den Salat mit dem Baguette servieren.

CLAUDIA WEISSMANN

Ich bin Claudia, 34 Jahre alt und Mama eines Sohnes. In meiner Freizeit backe und koche ich gerne. Und meine Rezepte teile ich ebenso gerne auf Instagram und Pinterest. Bei mir könnt ihr eine Vielzahl an Rezepten entdecken: Süßes, Herzhaftes und Snacks für zwischendurch. Bei den meist vegetarischen Rezepten kommen große und kleine Feinschmecker auf ihre Kosten.

claudiaweissmann claudiaweissmann

Fertig in 40 Minuten – Schwierigkeitsgrad 1

DEFTIGER EIERSALAT MIT BACON

**Ein frischer, selbst gemachter Eiersalat mit gedünsteten Zwiebeln und Bacon ist einfach total lecker.
In Kombination mit frischem Brot unschlagbar!
Egal ob zum Frühstück oder Abendbrot.**

ZUTATEN FÜR 5 PERSONEN

5 Eier
1 EL süßer Senf
2 EL Weißweinessig
3 EL Mayonnaise
1 TL Honig
Salz
Pfeffer
1 kleine Zwiebel
50 g geräucherte Schinkenwürfel
2 EL Olivenöl

ZUBEREITUNG

1

Die Eier hart kochen, dann abkühlen lassen und pellen. Die Eier halbieren und das Eiweiß vom Eigelb trennen. Die Eiweißhälften beiseitestellen.

2

Eigelb in eine Schüssel geben und mit Senf, Weißweinessig, Mayonnaise, Honig, Salz und Pfeffer zu einer samtigen Creme rühren.

3

Die Zwiebel schälen und klein würfeln. Die Zwiebelwürfel mit dem Schinken in einer Pfanne im Olivenöl dünsten, bis sie glasig sind. Anschließend die Mischung leicht abkühlen lassen und dann zur Eigelbcreme in die Schüssel geben.

4

Das beiseitegestellte Eiweiß klein würfeln und in die Schüssel zu den anderen Zutaten geben. Alles gut verrühren. Ggf. noch einmal mit Salz und Pfeffer abschmecken. Den Salat 30 Minuten ziehen lassen und dann servieren.

DIE SONNTAGSKÖCHIN

Ich bin Katrin und lebe in Berlin. Seit Mai 2015 betreibe ich meinen kleinen Foodblog mit dem Namen »Die Sonntagsköchin«. Dort lasse ich meiner Leidenschaft für das Kochen, Backen und Fotografieren freien Lauf. Neben einigen Torten und herzhaften Snacks liegt mein Augenmerk auf Rezepten, die einfach und in kurzer Zeit zubereitet werden können. Quick & easy sozusagen, denn als berufstätige Mutter muss es auch mal schnell gehen und darf trotzdem lecker sein. Und da ich aus einer kochbegeisterten Familie komme, teile ich auf dem Blog viele Familienrezepte, die ich gerne mal ganz neu adaptiert habe.

diesonntagsköchin.com   ⬚ die_sonntagskoechin   ⬚ thesundaycook

Fertig in 30 Minuten – Schwierigkeitsgrad 1

RATATOUILLE-SALAT

**Was gibt es im Sommer Schöneres als eine Ratatouille?
Eine leichte Vorspeise für heiße Tage aus vielen verschiedenen gegrillten
Gemüsen wie Aubergine, Zucchini und Paprika. Optisch nett
angerichtet macht der Ratatouille-Salat-Turm auch was für Gäste her!**

ZUTATEN FÜR 4 PERSONEN

4 Tomaten
2 kleine Auberginen
2 rote Zwiebeln
2 Zucchini
1 rote Paprikaschote
1 gelbe Paprikaschote
1 Knoblauchzehe
Sonnenblumenöl zum Anbraten
1 Zweig Rosmarin, Nadeln abgezupft
3 Zweige Thymian, Blätter abgezupft
Salz
Pfeffer
100 g Feta
Olivenöl für das Dressing
1 EL körniger Senf
2 EL Rotweinessig
1 EL Lemon-Balsamico-Creme
Zucker zum Abschmecken
1 EL gehackte Petersilie
4 EL schwarze Oliven

ZUBEREITUNG

1

Tomaten, Auberginen, Zwiebeln und Zucchini waschen bzw. schälen, putzen und in feine Scheiben schneiden. Paprika waschen, putzen, halbieren und vierteln. Knoblauch schälen und andrücken. Sonnenblumenöl in einer Pfanne erhitzen, Kräuter sowie Knoblauch zugeben und die Gemüsescheiben portionsweise darin anbraten (alternativ auf einem Gas- oder Holzkohlegrill grillen, dafür die Gemüsescheiben zuvor mit Öl bestreichen). Herausnehmen und leicht salzen und pfeffern.

2

Den Feta in feine Stücke zerbröseln und mit Olivenöl, Senf, Essig und Balsamico-Creme zu einem Dressing verrühren. Mit Salz, Pfeffer und Zucker abschmecken und die gehackte Petersilie zugeben.

3

Zum Servieren das Dressing auf Teller geben und aus den Gemüsescheiben Türmchen darauf bauen. Mit den schwarzen Oliven garnieren.

ESSZETTEL

Ich bin Jan vom Blog »Esszettel«. Seit 2012 poste ich dort Rezepte, die ich vor dem Veröffentlichen auf ihre Tauglichkeit geprüft habe. Als Inspiration dienen mir vor allem meine stetig wachsende Sammlung an Kochbüchern oder eigene kulinarische Gedankenblitze. Also schau regelmäßig auf meinem Esszettel vorbei und hab viel Spaß und Freude beim Nachkochen!

esszettel.com 　 esszettel

Fertig in 15 Minuten – Schwierigkeitsgrad 1

THAI-GURKENSALAT MIT MANGO UND ERDNÜSSEN

Dieser leckere Thai-Gurkensalat mit Mango und Erdnüssen ist in gerade mal 15 Minuten zubereitet und sorgt für wunderbares Fernweh-Feeling auf dem Teller!

ZUTATEN FÜR 2–4 PERSONEN

2 Salatgurken
¼–½ TL Salz
½ Mango, geschält
1 EL Sojasauce
2 TL Thaisauce (alternativ Saft von 1 Limette)
4 EL Reisessig
2 TL Sesamöl
Chiliflocken zum Abschmecken
50–80 g geröstete Erdnüsse
3 Stängel Minze
½ Bund Thai-Basilikum
(alternativ normales Basilikum)

ZUBEREITUNG

1
Die Gurken waschen und mit einem Hobel in dünne Scheiben schneiden (wer es schön knackig mag, der halbiert vorher die Gurken längs und kratzt die Kerne mit einem Löffel aus).

2
Die Gurkenscheiben mit etwas Salz bestreuen und 10–15 Minuten ziehen lassen. Anschließend das Wasser abgießen. Die Mango würfeln und zur Gurke geben.

3
Sojasauce, Thaisauce, Reisessig sowie Sesamöl zu einem Dressing vermischen. Mit Chiliflocken und Salz abschmecken und über den Salat geben. Die Erdnüsse grob hacken und hinzufügen.

4
Minze und Basilikum waschen, fein hacken und zum Salat geben. Alles noch einmal gut vermengen und sofort servieren.

FERNWEHKÜCHE

Mein Name ist Katrin, und wenn mich das Fernweh packt, zieht es mich in meine Küche, denn ich liebe es, mir die Aromen, Geschmäcker und Gerüche ferner Ländern nach Hause zu holen. Die Idee für meinen Blog »Fernwehküche« entstand nach einem zweijährigen Aufenthalt in Portugal. Um die Verbindung zu diesem Land aufrechtzuerhalten, begab ich mich auf eine kulinarische Entdeckungsreise und fand so zu meiner Leidenschaft für gutes Essen und für Foodfotografie. Neben einer bunten Sammlung an portugiesischen Rezepten findest du viele Gerichte aus den unterschiedlichsten Landesküchen in meinem Blogarchiv.

fernwehkueche.de · ⓞ fernwehkueche · ⓟ fernwehkueche

Fertig in 80 Minuten – Schwierigkeitsgrad 1

PIYAZ – WEISSE-RIESENBOHNEN-SALAT

**Der Salat schmeckt schön frisch,
ist außerdem noch vegetarisch und wirklich sättigend.**

ZUTATEN FÜR 4 PERSONEN

Piyaz
250 g getrocknete weiße Riesenbohnen
(alternativ 2 Dosen weiße Riesenbohnen)
2 rote Zwiebeln
1 Bund Petersilie
200 g Cherrytomaten
4 Eier

Dressing
100 g Tahini (Sesampaste)
Saft von 1 Zitrone
2 EL Weißweinessig
2 EL Olivenöl
1 Knoblauchzehe
1 TL Salz

Zum Anrichten
Sumach (optional)

ZUBEREITUNG

1

Für den Piyaz die getrockneten Riesenbohnen über Nacht oder 6–12 Stunden einweichen, dabei ab und zu das Wasser wechseln. Am nächsten Tag die Bohnen abgießen und unter klarem Wasser abspülen. Mit kaltem Wasser in einen Topf geben und in 1 Stunde langsam gar kochen. Anschließend die Bohnen in der warmen Kochbrühe abkühlen lassen, dann erst abgießen (sonst platzt die feine Haut der Bohnen ab und sie sehen dementsprechend nicht mehr schön aus). 2 EL davon für das Dressing beiseitestellen.

2

Zwiebeln schälen, halbieren und in feine Streifen schneiden. Petersilie waschen, gründlich trocken tupfen und fein hacken. Cherrytomaten waschen und halbieren. Eier hart kochen, pellen und halbieren. Alles beiseitestellen.

3

Für das Dressing die beiseitegestellten 2 EL Bohnen mit den restlichen Zutaten und 100 ml Wasser mit dem Pürierstab ganz fein mixen. Die Riesenbohnen in eine große Schüssel geben, das Dressing darüberträufeln, gut vermengen und den Salat vor dem Servieren mindestens 30 Minuten ziehen lassen.

4

Dann den Salat mit der Petersilie bestreuen. Die Cherrytomaten und die Zwiebeln hinzufügen. Zuletzt den Salat mit den Eiern garnieren. Optional mit Sumach bestreuen und servieren.

TIPP

Der Salat hält sich 2–3 Tage im Kühlschrank. Du kannst ihn also gut auf Vorrat vorbereiten.

LABSALLIEBE

Ich bin Susan, die Frau hinter den Berichten und Fotografien auf dem Blog »Labsalliebe« und schreibe mit viel orientalischem Herzblut über Food, Travel und Lifestyle. Ich bin ein lockenköpfiges Kind zweier Kulturen. Meine Mutter ist Deutsche und mein Vater Perser. In Teheran wurde ich geboren und bin bis zu meinem 14. Lebensjahr dort aufgewachsen. Seit über 40 Jahren lebe ich nun in Deutschland und arbeite seit 18 Jahren als selbstständige Heilpraktikerin in eigener Praxis. Ich bin Mutter von drei wundervollen Kindern, die mich inspiriert haben, ein bewusstes Leben zu führen.

labsalliebe.com   🅸 labsalliebe   🅿 labsalliebe

Fertig in 10 Minuten – Schwierigkeitsgrad 1

WILDBLÜTENSALAT

**Erfrischender und bunter Sommersalat.
So schön, wie er aussieht, so gut schmeckt er auch.
Und er ist blitzschnell zubereitet.**

ZUTATEN FÜR 2 PERSONEN

2 Schalotten
2 Handvoll Pflücksalat
20 Blättchen Kapuzinerkresse
1 Handvoll Blaubeeren
1 Handvoll Walderdbeeren
Blüten von Günsel, Kornblume,
wildem Schnittlauch, Frauenmantel,
Barbarakraut
5 EL Mais aus der Dose
2 Walnüsse
4 EL Zitronensaft
8–10 EL Olivenöl
Salz
Pfeffer
1 TL mittelscharfer Senf
1 EL Agavendicksaft

ZUBEREITUNG

1

Die Schalotten schälen und in feine Scheiben schneiden. Salat, Kapuzinerkresse, Beeren und Blüten waschen und ggf. trocken schütteln. Schalotten, Salat, Kresse, Mais und Beeren auf 2 Tellern anrichten. Die Walnüsse hacken und mit den Blüten darauf verteilen.

2

Aus Zitronensaft, Olivenöl, Salz, Pfeffer, Senf und Agavendicksaft eine Vinaigrette rühren. Den Salat damit beträufeln und servieren.

RENATE BLAES

Ich heiße Renate, bin Fotografin, Designerin und Hobbyköchin, lebe mit meinem Kater Rosso am Ammersee in Bayern und kreiere gerne neue Wildkräuter-Rezepte. Die Kräuter ernte ich teilweise im eigenen Garten, denn dort wachsen Giersch, Bärlauch, Knoblauchsrauke, Pimpernelle, Vogelmiere, wilder Schnittlauch und – wie auf dem Rezeptbild zu sehen ist – auch Walderdbeeren. Ansonsten sammle ich für den Eigenbedarf, z. B. Hopfen, Wiesenkerbel, Bärenklau, Brunnenkresse, Bachbunge, Schaumkräuter, Breitwegerich (ja, den kann man essen!) und viele weitere wilde Kräuter. Wie das alles zu leckeren Gerichten wird, siehst du auf meinem Blog »Kochlust«.

kochlust.renateblaes.de

Fertig in 35 Minuten – Schwierigkeitsgrad 1

SPARGELSUPPE AUS SCHALEN, MIT WEISSEM MANDELMUS UND MISO

Ein veganes und sattvisches Spargelsuppenrezept, das nur aus den Schalen des Spargels hergestellt wird. No Waste Kitchen – und dazu noch so einfach und so lecker!

ZUTATEN FÜR 2 PERSONEN

1 Knoblauchzehe
Schalen und Abschnitte von 750 g Spargel
Olivenöl zum Anbraten
2 EL weißes Mandelmus
Saft von ½ Zitrone
1 EL weiße Misopaste
Salz
Pfeffer

ZUBEREITUNG

1

Den Knoblauch schälen und hacken. Die Schalen und Abschnitte des Spargels mit dem Knoblauch kräftig in Öl anschwitzen. 750 ml Wasser aufgießen und alles kurz kräftig aufkochen. Dann ca. 30 Minuten köcheln lassen.

2

Anschließend den Topf vom Herd nehmen, die Masse kurz abkühlen lassen und danach im Mixer sehr fein zu einer Suppe pürieren.

3

Die Spargelsuppe zurück in den Topf geben. Das Mandelmus und den Zitronensaft zugeben. Falls die Suppe dann zu dickflüssig ist, noch etwas Wasser (bis zu ca. 250 ml) hinzufügen.

4

Vor dem Servieren die Misopaste unterrühren und die Suppe mit Salz und Pfeffer abschmecken.

HAPPY.MOOD.FOOD

Ich bin Stephanie und Health Foodie, Flugbegleiterin und Foodfotografin. Bei mir dreht sich alles ums Essen und Glücklichsein. Wir leben in einer hektischen Zeit, die oft von Terminen und Arbeit geprägt ist und uns wenig Raum für unsere persönlichen und sozialen Bedürfnisse lässt. Dabei sind es gerade die richtigen Lebensmittel, die einen großen Effekt auf unsere seelische und körperliche Gesundheit haben. Ich absolvierte eine Ausbildung als ayurvedischer Ernährungscoach und beschäftigte mich mit der Wirkung der Ernährung auf unsere Psyche. All das fließt in meinen Blog »happy.mood.food« mit ein.

happymoodfood.com happy.mood.food happymoodfood

Fertig in 15 Minuten – Schwierigkeitsgrad 1

KAROTTENSUPPE MIT INGWER UND KOKOSMILCH

Diese schnelle karamellisierte Karottensuppe mit Ingwer und Kokosmilch ist nicht nur köstlich – sie ist auch schnell zubereitet und kann sogar eingekocht werden. Damit ist sie super lange haltbar, und du hast immer eine gesunde Suppe auf Vorrat.

ZUTATEN FÜR 2 PERSONEN

8 mittelgroße Karotten
1 daumengroßes Stück Ingwer
2 Schalotten
1 EL Kokosöl
1 EL Rohrzucker
300 ml Kokosmilch
60 ml frisch gepresster Orangensaft
Saft von 1 Limette
Salz
Pfeffer

ZUBEREITUNG

1

Die Karotten waschen, ggf. schälen (bei Bio-Karotten kann die Schale dran bleiben) und klein schneiden. Den Ingwer schälen und klein schneiden. Die Schalotten ebenfalls schälen und fein würfeln.

2

Das Kokosöl in einem Topf schmelzen. Die Schalotten darin glasig andünsten. Karotten und Ingwer zugeben und kurz mitdünsten. Den Rohrzucker hinzufügen und alles leicht karamellisieren. Die Kokosmilch angießen und die Mischung kurz aufkochen lassen. Anschließend ca. 10 Minuten leicht köcheln lassen.

3

Dann die Mischung pürieren. Den Orangen- und Limettensaft unterrühren. Die Suppe mit Salz und Pfeffer würzen und servieren.

HAPPY.MOOD.FOOD

Ich bin Stephanie und Health Foodie, Flugbegleiterin und Foodfotografin. Bei mir dreht sich alles ums Essen und Glücklichsein. Wir leben in einer hektischen Zeit, die oft von Terminen und Arbeit geprägt ist und uns wenig Raum für unsere persönlichen und sozialen Bedürfnisse lässt. Dabei sind es gerade die richtigen Lebensmittel, die einen großen Effekt auf unsere seelische und körperliche Gesundheit haben. Ich absolvierte eine Ausbildung als ayurvedischer Ernährungscoach und beschäftigte mich mit der Wirkung der Ernährung auf unsere Psyche. All das fließt in meinen Blog »happy.mood.food« mit ein.

happymoodfood.com   happy.mood.food   happymoodfood

Fertig in 5 Minuten – Schwierigkeitsgrad 1

KALTE RADIESCHENSUPPE MIT BUTTERMILCH

Erfrischende Radieschensuppe mit Gurke und Buttermilch – ganz einfach und super schnell gemacht.

ZUTATEN FÜR 4 PERSONEN

500 g Radieschen
½ Salatgurke
400 ml Buttermilch
Salz

Croûtons
100 g Weißbrot (optional)
Butter zum Anbraten (optional)

ZUBEREITUNG

1

Die Radieschen waschen und putzen, die Gurke schälen. Zusammen mit 200 ml Wasser und der Buttermilch pürieren. Zuletzt etwas salzen.

2

Optional das Brot auf Croûtongröße klein würfeln. Dann in einer Pfanne in Butter kross anbraten und leicht salzen. Die Suppe – optional mit den Croûtons angerichtet – servieren.

KITCHEN SPIRIT

Ich bin Julia und liebe Gemüse seit jeher. Denn daraus lassen sich unglaublich leckere Rezepte kochen, die auch echte Hingucker sind. Dabei bin ich ständig auf der Suche nach neuen Kreationen, Gewürzen und überraschenden Kombinationen. Meine Rezepte sind nie besonders kompliziert und kommen (fast) immer mit den Zutaten aus, die meist schon in der Küche vorhanden sind. Das alles teile ich auf »Kitchen Spirit«, meinem Foodblog rund um Gemüse. Besuche mich auf meiner Website oder auf Instagram und habe Spaß beim Kochen!

kitchen-spirit.de kitchenspirit_ks

Fertig in 30 Minuten – Schwierigkeitsgrad 1

WÜRZIGE ERBSENCREMESUPPE

Die Erbsencremesuppe ist super würzig, und das Topping sorgt für ein zusätzliches Extra.

ZUTATEN FÜR 6 PERSONEN

3 Frühlingszwiebeln
1 kleine Kartoffel
3 EL Olivenöl
600 g TK-Erbsen
800 ml Gemüsebrühe
200 g süße Sahne (alternativ Sojasahne)
1 TL geräuchertes Salz
3 EL Zitronensaft
8 ml Dattelsirup
2 Scheiben Toastbrot + 1 mehr nach Bedarf
1 Knoblauchzehe

Topping nach Wahl
Chiliflocken
Backerbsen
Chili-Croûtons
Erbsen
Cornflakes
Ein paar Tupfer geschlagene süße Sahne
(alternativ Sojasahne)

ZUBEREITUNG

1

Die Frühlingszwiebeln waschen, putzen und in feine Ringe schneiden. Die Kartoffel gründlich waschen, schälen und in sehr dünne Scheiben schneiden. Die Frühlingszwiebeln im Olivenöl andünsten. Ein paar Erbsen für das Topping beiseitestellen, den Rest mit der Kartoffel zugeben und 10 Minuten mit andünsten. Anschließend die Gemüsebrühe, 100 g Sahne sowie das Salz hinzufügen und alles ca. 15 Minuten köcheln lassen.

2

Dann die restliche Sahne, 2 EL Zitronensaft und den Dattelsirup hinzufügen. Alles gut pürieren.

3

Das Toastbrot zerzupfen und in die Mischung geben. Etwas einweichen lassen und erneut zu einer Suppe pürieren. Falls sie nicht die gewünschte Sämigkeit erreicht, nach Bedarf noch 1 Scheibe Toastbrot untermixen (da es unterschiedliche Toastbrotgrößen gibt, könnte es sein, dass ggf. die weitere Scheibe nötig ist, um die Suppe einzudicken).

4

Den Knoblauch schälen und durchpressen. Mit dem übrigen Zitronensaft zugeben. Die Suppe gut durchrühren oder mit dem Pürierstab erneut gut aufmixen. Nach Wahl toppen und servieren.

MIXGESCHICKT

Ich bin Sylvia, und neben Kochen gehört Fotografieren und Schreiben zu meinen liebsten Hobbys. So entstand vor ein paar Jahren die Idee eines Foodblogs. Alle drei Leidenschaften lassen sich dort perfekt miteinander verbinden. Nach Feierabend und an Wochenenden wird der Kochlöffel geschwungen und der Bleistift gespitzt. Ich führe meinen Blog »MixGeschick« mit lockerer Schreibe, da ich meine Leserschaft auch gerne ein wenig unterhalten möchte. Die größte Freude ist für mich, wenn jemand etwas von den Blog-Rezepten nachkocht und sagt: Sylvia, es schmeckt mir.

mixgeschick.blogspot.com ⓘ mixgeschickofficial ⓕ MixGeschick – Kochen im Pott

Fertig in 45 Minuten – Schwierigkeitsgrad 1

EINFACHE VEGETARISCHE MISOSUPPE MIT EIERN UND SHIITAKE-PILZEN

Misosuppe ist ein japanisches Nationalgericht, das in jedem japanischen Restaurant als Vorspeise serviert wird. Bei diesem Rezept handelt es sich zwar um eine Abwandlung der klassischen Misosuppe, aber sie schmeckt genauso gut!

ZUTATEN FÜR 3 PERSONEN

Gemüsebrühe
1,2 l Wasser
2 Karotten
1 kleine Zwiebel
1 Petersilienwurzel
5 cm großes Stück Ingwer
½ TL Salz

Misosuppe
5–6 getrocknete Shiitake-Pilze
1 Knoblauchzehe
1 EL Butter
1 TL Sojasauce
3 TL Misopaste
Ein paar Pak-Choi-Blätter (optional)
2 Eier
100 g Eiernudeln

Zum Anrichten
Sesamsamen
1 Frühlingszwiebel, zerkleinert
1 Chilischote, klein gehackt

ZUBEREITUNG

1
Für die Gemüsebrühe Karotten, Zwiebel, Petersilienwurzel und Ingwer schälen, putzen und in grobe Stücke schneiden. 1,2 l Wasser in einen Topf geben, das vorbereitete Gemüse mit dem Salz hinzufügen und bei mittlerer Temperatur 20 Minuten köcheln lassen.

2
Für die Misosuppe die Shiitake-Pilze in heißem Wasser 10 Minuten bzw. laut Packungsanweisung einweichen. Danach unter fließendem Wasser abspülen und in Streifen schneiden.

3
Den Knoblauch schälen und klein schneiden. Die Butter in einer Pfanne schmelzen und den Knoblauch sowie die Shiitake-Pilze darin 1 Minute anbraten. Sojasauce und 1 TL Misopaste zugeben, gut verrühren und beiseitestellen.

4
Pak Choi waschen. Die Eier in Wasser 5–6 Minuten kochen. Die Gemüsebrühe in einen Topf abgießen und die Eiernudeln sowie optional ein paar Pak-Choi-Blätter darin 4 Minuten kochen. Danach die Pilze und restliche Misopaste zugeben und alles gut verrühren.

5
Die Suppe auf Teller verteilen. Die Eier schälen, der Länge nach halbieren und in die Suppe geben. Die Suppe mit Sesamsamen, Frühlingszwiebel sowie Chili garnieren und servieren.

KOCHEN MIT DIANA

Ich bin Diana, das Gesicht hinter dem Blog »Kochen mit Diana«. Lange Zeit habe ich mich (so wie viele) eher ungesund ernährt, es gab oft Fertiggerichte und Fast Food. Gekocht wurde selten. Dafür hatte ich einfach keine Zeit oder Lust. Und ich hatte außerdem Angst davor, dass etwas nicht klappt. Das hat sich in der Zwischenzeit geändert, und Fertiggerichte kommen bei mir nur noch sehr selten auf den Tisch. Ich liebe es einfach, mit frischen Zutaten zu kochen und neue Rezepte auszuprobieren. Auch wenn ich hin und wieder eine Ausnahme mache: Am liebsten verwende ich dabei regionale und saisonale Zutaten.

kochen-mit-diana.com kochen.mit.diana kochenmitdiana

Fertig in 75 Minuten – Schwierigkeitsgrad 1

SOMMERLICHE ERDBEER-TOMATEN-GAZPACHO

Unsere sommerliche Erdbeer-Tomaten-Gazpacho kommt mit sehr wenigen Zutaten aus, die man vielleicht sogar schon zu Hause hat. Wir lieben kalte Suppen als Mahlzeit, gerade bei hochsommerlichen Temperaturen. Sie machen satt, sind erfrischend und fix auf dem Tisch.

ZUTATEN FÜR 4 PERSONEN

1 kleine Zwiebel
500 g Tomaten
½ Salatgurke
300 g Erdbeeren
½–1 rote Chilischote (wer es schärfer haben möchte, nimmt die ganze Chilischote)
2 EL Tomatenmark
200 ml Gemüsebrühe
3 EL extra natives Olivenöl
2 EL Balsamico bianco
1 Prise Salz
1 Prise Pfeffer

ZUBEREITUNG

1

Die Zwiebel schälen und klein schneiden. Die Tomaten waschen, putzen und vierteln. Die Gurke waschen, halbieren und schälen. Die Erdbeeren waschen, trocken tupfen und putzen. Gurke und Erdbeeren in grobe Stücke schneiden. 4 Erdbeeren zum Garnieren beiseitestellen. Den Chili waschen, halbieren, entkernen und in kleine Stücke schneiden.

2

Das Gemüse mit den Erdbeeren in einen Food-Processor oder Mixer geben und fein pürieren. Tomatenmark, Gemüsebrühe, Olivenöl sowie Essig hinzufügen und erneut kräftig mixen; wenn dabei die gewünschte Konsistenz noch nicht erreicht ist, etwas eiskaltes Wasser hinzufügen.

3

Zuletzt die Erdbeer-Tomaten-Gazpacho mit Salz und Pfeffer abschmecken und auf Gläser verteilen. Mit den beiseitegestellten Erdbeeren garnieren und servieren.

SAVORYLENS

Essen, Reisen und Fotografie sind unsere große Leidenschaft, die wir gerne mit unseren Lesern auf »SavoryLens«, unserem Food- und Travelblog, teilen. Dort veröffentlichen wir seit 2016 Kulinarisches aus aller Welt sowie informative Reiseberichte. Dahinter stehen wir – Gaby und Christian –, seit über zehn Jahren verheiratet und irgendwo zwischen New York, London und Frankfurt daheim. Wir möchten unsere Leser mit unseren Bildern und Gerichten für andere Länder und Kulturen begeistern und fremde Köstlichkeiten auf heimische Teller bringen. Aber auch die regionale und saisonale Küche kommt bei uns nicht zu kurz!

savorylens.com savorylens savorylens

Fertig in 25 Minuten – Schwierigkeitsgrad 1

SOMMERROLLEN MIT ERDNUSS-SAUCE

Die leckeren Sommerrollen schmecken nicht nur im Sommer super gut, sondern lassen sich auch zu jeder anderen Jahreszeit genießen. Vor allem die Erdnuss-Sauce ist ein Muss! Wer möchte, kann die Rollen am Ende mit etwas Sesam bestreuen.

ZUTATEN FÜR 2 PERSONEN

Sommerrollen
50 g Sushireis
8 Reispapier-Platten
½ Mango
1 Minigurke
½ Avocado
Rote-Bete-Gemüseaufstrich zum Füllen
Sprossen zum Füllen

Sauce
2 EL Erdnussbutter
2 EL Rotweinessig
1 EL Olivenöl
2 EL Sojasauce
1 EL Agavendicksaft

ZUBEREITUNG

1

Für die Sommerrollen den Reis nach Packungsanweisung kochen. Anschließend das Reispapier einzeln einige Sekunden in Wasser tauchen und danach auf ein Tuch legen, bis es biegsam ist. Währenddessen Mango, Gurke und Avocado schälen und in längliche Streifen schneiden.

2

Die Reisblätter wie folgt füllen: Zuerst etwas Reis in der Mitte verteilen, etwas Rote-Bete-Aufstrich, Mango, Gurke, Avocado und Sprossen auf den Reis geben. Dann die Blätter von einer Seite aus einrollen und zum Schluss mittig mit einem scharfen Messer halbieren, dabei darauf achten, die Rollen nicht zu voll zu füllen, da das Papier sehr empfindlich ist und leicht reißen kann.

3

Für die Sauce die Erdnussbutter vorsichtig in einem Topf erhitzen. Sobald sie flüssig ist, Essig, Öl, Sojasauce und Agavendicksaft hinzufügen. Alles gut verrühren. Anschließend mit Wasser die Konsistenz der Sauce regulieren. Die Rollen mit der Sauce servieren.

ALEXA

Mein Name ist Alexa, ich bin Mitte 20 und komme aus dem schönen Oberfranken in Bayern. Neben meinem Studium und meiner Arbeit als Fotografin betreibe ich meinen kleinen Foodblog »lexilicious.de« auf Instagram. »Zum Glück habe ich euch schon immer die Küche benutzen lassen. Selbst wenn ihr ständig eine riesige Sauerei hinterlassen habt!«, sagt meine Mama, wenn wir mal wieder zusammen kochen. Aber Übung macht eben den Meister, und mittlerweile sieht meine Küche nach dem Kochen auch nur noch halb so schlimm aus.

lexilicious.de

Fertig in 20 Minuten – Schwierigkeitsgrad 2

CREMIGER HUMMUS MIT PFIFFERLINGEN UND MINZE

Für die Pfifferlingszeit habe ich ein tolles regionales Schnellrezept. Hummus ist eine orientalische Spezialität, die auch hierzulande sehr beliebt ist. Ich habe eine originelle Variante des Klassikers kreiert und sie mit regionalen Zutaten aufgepeppt: Die Kichererbsen kommen von einer Bäuerin aus dem Burgenland, die Minze ist aus dem eigenen Garten, die Pfifferlinge haben von Sommer bis Herbst Saison, und das Sauerteigbrot habe ich selbst gebacken.

ZUTATEN FÜR 2 PERSONEN

Hummus
250 g Kichererbsen aus der Dose
(davon ca. 20 g für die Garnitur)
1 Knoblauchzehe
15 g frisch gehackte Minze
40 ml Olivenöl
20 ml kaltes Wasser
2 EL Tahini (Sesampaste)
1 EL Limettensaft (alternativ Zitronensaft)
1 Prise Salz
1 Prise frisch gemahlener Pfeffer
½ TL gemahlener Kümmel

Pfifferlinge
150 g Pfifferlinge
1 TL Olivenöl
1 Prise Salz
1 Prise frisch gemahlener Pfeffer

Zum Anrichten (Toppings)
1 TL Sesamsamen
1 TL Hanfsamen
1 TL Olivenöl
20 g Kichererbsen (siehe oben)
1–2 TL frische Gartenkräuter (z. B. Minze, Oregano, Thymian)

ZUBEREITUNG

1
Die Kichererbsen in einem Sieb mit kaltem Wasser abspülen und 20 g davon zum Garnieren beiseitestellen. Die Pfifferlinge putzen und größere Exemplare halbieren. Sehr kleine Pfifferlinge können später auch im Ganzen angebraten werden. Die Knoblauchzehe abziehen und halbieren. Die Minze waschen, trocken schütteln und hacken.

2
Die restlichen 230 g Kichererbsen in einen Mixer geben und mit Olivenöl, Tahini, Knoblauch und Limettensaft zu einer homogenen Masse verarbeiten (alternativ für diesen Schritt den Pürierstab verwenden).

3
Dann 20 ml kaltes Wasser, Minze, Salz, Pfeffer sowie Kümmel hinzufügen und ca. 3 Minuten mixen, bis eine cremige Hummusmasse entsteht; sollte sie zu dick sein, nach Bedarf etwas mehr kaltes Wasser hinzufügen.

4
Eine Pfanne mit 1 TL Olivenöl erhitzen und die Pfifferlinge darin 3 Minuten scharf von beiden Seiten anbraten. Mit Salz und Pfeffer abschmecken.

5
Jeweils 2–3 gehäufte EL Hummus auf 2 Schalen verteilen und mit den angebratenen Pilzen anrichten. Alles mit Olivenöl beträufeln und mit Kräutern, Salz, Pfeffer, Sesam und Hanfsamen sowie den zuvor beiseitegestellten Kichererbsen garnieren.

TIPP
Den Hummus am besten mit frischem Sauerteigbrot oder noch warmer Pita servieren. Hummusreste können, gut verschlossen und mit Olivenöl beträufelt, im Kühlschrank ca. 4 Tage aufbewahrt werden.

CLEANEATING CARRY
Ich bin Carina aus Wien und leidenschaftliche Foodbloggerin und Sauerteigbäckerin. Auf meinem Instagram-Account und Blog »Cleaneating Carry« poste ich gesunde zuckerfreie Rezepte sowie Sauerteigbrote und -focaccias, die ich mithilfe meines Sauerteigs »Paula« zubereite. Ich bin unglaublich stolz darauf, beim »Rezeptebuch Award 2022« dabei zu sein und mit so vielen genialen Foodbloggern gemeinsam in einem Buch abgebildet sein zu dürfen! Viel Spaß mit meinem Hummusrezept! Vielleicht kann ich dir damit ja Appetit auf mehr machen!

cleaneatingcarry.at ⊙ cleaneating_carry

Fertig in 45 Minuten – Schwierigkeitsgrad 1

EINGEMACHTE ZUCCHINI, GURKEN ODER PATISSONS

Einmachen fängt den Sommer ein, und daher bin ich im Spätsommer immer intensiv damit beschäftigt. Früchte und Gemüse landen in Flaschen und Gläsern – und die Sommerfrische hält sich darin rund ums Jahr.

ZUTATEN FÜR
ca. 4 GLÄSER à 1 L ODER
ca. 8 GLÄSER à 500 ML
PRO GEMÜSESORTE

1–2 mittelgroße Zwiebeln
250 ml Essig
1 EL Salz
200 g Zucker
2 EL Currypulver
2 kg Salatgurken oder 2 kg Zucchini
oder 2 kg Patissons
1 TL Senfkörner für jedes Glas à 1 l,
½ TL für jedes Glas à 500 ml
2–3 Sellerieblätter für jedes Glas à 1 l,
1–2 Sellerieblätter für jedes Glas à 500 ml

ZUBEREITUNG

1

Zwiebel schälen und in ca. 0,5 mm dicke Scheiben schneiden. 1 l Wasser in einen Topf gießen, Essig, Salz, Zucker, Curry zugeben, alles zum Kochen bringen und 1 Minute leicht köcheln lassen.

2

Wenn Gurken oder Zucchini eingekocht werden, jeweils beide waschen, putzen, halbieren, entkernen und in Stifte schneiden, dabei sollte die Dicke ca. 1 cm betragen und die Länge ca. 2 cm unter dem Glasrand enden. Die Stifte aufrecht und dicht nebeneinander in die vorher sterilisierten Gläser stellen. Wenn Patissons eingekocht werden, diese ebenso waschen, putzen, halbieren und wenn nötig entkernen. Die halbierten Patissons in ca. 1 cm dicke Halbmonde schneiden und in die vorher sterilisierten Gläser bis 2 cm unter den Glasrand schichten.

3

Die Senfkörner, Sellerieblätter und 1 Zwiebelscheibe in jedes Glas legen und alles mit dem Essigsud bis ca. 1,5 cm unter den Glasrand aufgießen.

4

Die Gläser dicht verschließen, in warmes Wasser stellen und das Gemüse 15 Minuten lang einkochen. Anschließend langsam abkühlen lassen, dazu die Gläser nach dem Kochen im Kochwasser stehen lassen. Danach prüfen, ob ein Vakuum entstanden ist. Die Gläser jeweils mit einem Aufkleber des Einmachdatums bzw. Verfallsdatums versehen; sie sind im Vorratsschrank ca. 1 Jahr lang haltbar.

LIVING_COOKING_GARDENING

Mein Name ist Isabella, ich bin glücklich verheiratet und lebe in einem kleinen Dorf in der Nähe von Braunschweig. Beruflich war ich im Architekturbereich tätig, aber seit drei Jahren bin ich im Ruhestand, und im Mai 2020 begann dann mein Abenteuer mit den sozialen Medien. Auf meinem Blog »living_cooking_gardening« auf Instagram versuche ich, meine Leidenschaft für das Gärtnern, Kochen und Fotografieren zu vereinen. Ich liebe es einfach, Neues zu erkunden, in meiner Küche auszuprobieren, um dies auch mit anderen zu teilen.

living_cooking_gardening

Fertig in 45 Minuten – Schwierigkeitsgrad 1

ZUPFBROT

**Ganz einfaches, schnelles und leckeres Rezept
für Kräuter- und Knoblauchliebhaber!**

ZUTATEN FÜR 4 PERSONEN

150 g Butter + mehr für die Form
4 EL Kräuter (frisch oder TK)
Salz
Pfeffer
1 Knoblauchzehe
400 g Hefeteig (fertig gekauft
oder selbst gemacht)
Mehl für die Arbeitsfläche
1 Ei

ZUBEREITUNG

1

Butter mit Kräutern, Salz und Pfeffer verrühren. Den Knoblauch schälen, fein würfeln und zugeben. Den Backofen auf 180 °C Ober-/Unterhitze (160 °C Umluft) vorheizen. Den Teig auf einer leicht bemehlten Arbeitsfläche kurz durchkneten und zu einem Rechteck ausrollen. Die Kräuterbutter dünn darauf verstreichen.

2

Den Teig in ca. 4 cm breite Streifen schneiden und nacheinander stapeln. In eine gefettete Form beliebig zusammensetzen.

3

Das Ei verquirlen und die Teigoberfläche damit einpinseln. Das Zupfbrot im Ofen ca. 45 Minuten backen. Anschließend abkühlen lassen und servieren.

WENN_MEIN_MANN_KOCHT

Ich bin Kristina, mein Mann heißt Vitali, und wir beide kommen aus dem sonnigen Rheinland-Pfalz. Vor einem Jahr hatte mein Mann die Idee, ein Instagram-Profil mit den Bildern seiner Kochkreationen zu erstellen. Und ich konnte ihn in meiner Elternzeit dabei unterstützen. Neben der Betreuung unserer kleinen Tochter habe ich angefangen, unser Profil auf Instagram lebendig zu gestalten. Nun führen wir zusammen unseren Foodblog »wenn_mein_mann_kocht« auf Instagram: Hier kocht mein Mann, und ich backe – tolle Kombination, oder?!

wenn_mein_mann_kocht

Fertig in 60 Minuten – Schwierigkeitsgrad 1

DER PERFEKTE NUDELSALAT

Nudelsalat mal anders. Dieser schmeckt nicht nur sehr gut, sondern macht auch optisch etwas her – Fingerfood, das zu jedem Anlass immer sehr gut ankommt.

ZUTATEN FÜR ca. 20 STÜCK

Ca. 20 Conchiglioni-Muschelnudeln
3 Eier
195 g Dose (Abtropfgewicht 150 g) Thunfisch in Öl
100 g geriebener Käse nach Wahl
1 rote Paprikaschote
2–4 Essiggurken
3–4 EL Mais aus der Dose
2 EL Mayonnaise
1 TL Senf
Salz
Pfeffer

Zum Anrichten
Fein gehackter Dill
Fein gehackter Schnittlauch

ZUBEREITUNG

1

Die Nudeln nach Packungsanweisung al dente kochen. Vorsichtig abgießen und gut abkühlen lassen. Die Eier hart kochen, abkühlen lassen, pellen und klein würfeln.

2

Den Thunfisch in eine Schüssel geben und mit einer Gabel klein zerhacken. Die Eier und den geriebenen Käse hinzufügen. Die Paprika waschen, putzen und klein würfeln. Die Essiggurken von den Stielen befreien, längs halbieren und klein schneiden. Den Mais abtropfen lassen und mit den Gurken- und Paprikastücken in die Schüssel geben. Die Mayonnaise mit dem Senf hinzufügen. Zuletzt mit Salz und Pfeffer würzen. Alles gut vermischen und ggf. nochmals mit Salz und Pfeffer abschmecken.

3

Die Muschelnudeln mit der Masse befüllen. Dann die Nudeln mit Dill und Schnittlauch garnieren, auf einem großen runden Teller anrichten und servieren.

SILVISIBEL

Ich bin Silvi, 48 Jahre alt und backe und koche für mein Leben gerne. Diese Leidenschaft prägt mich schon, seitdem ich ein kleines Mädchen bin. Ich freue mich darauf, meine Back- und Kochkreationen ins richtige Licht zu rücken und die Rezepte auf meinem Instagram-Account, den ich 2018 erstellt habe, mit anderen zu teilen. Ich liebe diese Momente, in denen mein Ofen in Betrieb ist und das ganze Haus nach frisch gebackenem Kuchen und Gebäck duftet. Durch den Foodblog hat sich auch meine Leidenschaft zur Fotografie vertieft. Habe ich dich inspiriert? Dann schau doch gerne vorbei auf »silvisibel«.

silvisibel

Fertig in 15 Minuten – Schwierigkeitsgrad 1

NEKTARINEN MIT BURRATA

Fruchtig süße Nektarinen kombiniert mit cremiger Burrata und salzigem Schinken – eine herrliche Sommerkombination.

ZUTATEN FÜR 1 PERSON

2 Nektarinen
1 Burrata
4 Scheiben Coppa
Basilikumblätter zum Anrichten
½ EL Honig
½ TL Salz
1 EL weißer Balsamico
1 EL neutrales Öl
1 EL Olivenöl
Grob gemahlener Pfeffer

ZUBEREITUNG

1

Die Nektarinen waschen, halbieren, entsteinen und in Spalten schneiden. Die Burrata halbieren und eine Hälfte in der Mitte eines Tellers platzieren. Die Nektarinenspalten rundherum verteilen, die restliche Burrata in Stücke zupfen und ebenfalls auf dem Teller verteilen.

2

Die Coppascheiben zu Rosen zusammenrollen und zwischen den Nektarinen platzieren. Die Basilikumblätter auf dem Teller anrichten.

3

Die restlichen Zutaten gut zu einem Dressing verrühren, bis sich das Salz gelöst hat. Das Dressing über den Nektarinen, der Burrata und den Copparosen verteilen. Zuletzt alles mit Pfeffer bestreuen und servieren.

PRINZESSINNENSCHMARRN

Ich heiße Steffi, stamme aus dem Bayerischen Wald und wohne nun mit meiner Familie bei München. Ich koche und backe schon immer leidenschaftlich gerne, das haben mir wohl meine Omas bereits als Kind mitgegeben. Mit meinem Foodblog habe ich eine Möglichkeit gefunden, beruflich das zu tun, was ich liebe. Bei meinem »Prinzessinnenschmarrn« findest du einfache, aber raffinierte und vor allem leckere Rezepte für den Alltag … weil nicht nur ein Kaiser einen so leckeren Schmarrn verdient hat!

prinzessinnenschmarrn.de   prinzessinnenschmarrn   prinzessinnenschmarrn

Fertig in 40 Minuten – Schwierigkeitsgrad 1

RÜBLI-HAFERFLOCKEN

Dieses leckere Frühstück ist vom klassischen Karottenkuchen abgewandelt. Am Abend vorher kannst du die Rübli-Haferflocken vorbereiten und am nächsten Tag gekühlt genießen. Das Rezept gelingt super ohne Zucker und kommt vollkommen ohne Gluten aus.

ZUTATEN FÜR 2 PERSONEN

1 Apfel (ungeschält)
1 Karotte (geschält)
4 EL Haferflocken (kernig)
1 EL geschrotete Leinsamen
1 TL Zimtpulver
150 ml Mandelmilch
1 EL Honig

Außerdem
Saft von ½ Zitrone
200 g Kokosjoghurt
1 TL Honig
50 g gehackte Walnüsse (optional)

ZUBEREITUNG

1

Den Apfel und die Karotte waschen, putzen, raspeln und mit den übrigen Zutaten in eine Schüssel geben. Alles vermengen und entweder über Nacht in den Kühlschrank stellen oder mindestens 30 Minuten vor dem Servieren vorbereiten.

2

Den Zitronensaft zum Kokosjoghurt geben. Beides mit dem Honig glatt rühren.

3

Die Rübli-Haferflocken aus dem Kühlschrank nehmen, in kleine Gläser füllen und die Joghurtmischung darübergeben. Optional mit gehackten Walnüssen garnieren und servieren.

DAAYLISH

Unser Ziel bei »DAAYLISH« ist es, Menschen zu einem gesünderen Lebensstil zu inspirieren: durch frische Lebensmittel, einfache und gesunde Rezepte.
Wir setzen uns zusammen aus Alicia und Merlin. Den kreativen Teil hinter den Gerichten übernimmt Alicia. Ihre Oma hat ihr das Kochen und Backen beigebracht, was sich bis heute darin zeigt, dass sie sich mit großer Freude in der Küche austobt. Merlin übernimmt den organisatorischen Teil sowie die Planung und den kreativen Background. Sich stetig weiterzuentwickeln und Neues auszuprobieren ist für ihn ein spannender Prozess. Gemeinsam arbeiten wir daran, etwas Gutes für uns und andere zu tun.

daaylish

Fertig in 45 Minuten – Schwierigkeitsgrad 1

FLUFFIGE JOGHURT-BLAUBEER-PANCAKES

**Manchmal geht doch nichts über Pancakes zum Frühstück!
Besonders diese fluffigen Joghurt-Pancakes mit frischen Beeren ergeben –
etwa zusammen mit einem Klecks griechischem Joghurt sowie Ahornsirup –
die perfekte Kombi für das pure Frühstücksglück.**

ZUTATEN FÜR 2–3 PERSONEN

2 Eier
5 EL Honig
240 ml Milch
150 g griechischer Joghurt
1 TL Vanilleextrakt
240 g Mehl
1 EL Backpulver
½ TL Salz
½ TL Zimtpulver
100 g Blaubeeren
Öl zum Ausbacken

Topping nach Wahl
Frische Früchte
Nougatcreme und Bananenscheiben
Nüsse
Sirup (z. B. Ahornsirup)
Puderzucker

ZUBEREITUNG

1
Eier, Honig, Milch, Joghurt und Vanilleextrakt in einer Schüssel gründlich mit dem Schneebesen verrühren. Mehl, Backpulver, Salz und Zimtpulver in einer separaten Schüssel gut vermischen. Dann die Mehlmischung möglichst zügig in die flüssigen Zutaten einrühren und vermengen (um zu verhindern, dass die Pancakes zäh werden, ganz klassisch also die flüssigen und trockenen Zutaten in 2 getrennten Schüsseln mischen und erst dann die trockenen mit den flüssigen vermengen, nicht umgekehrt; so lässt sich alles besser vermengen, und es bleibt kein Mehl am Schüsselboden kleben). Den Teig kurz zum Quellen stehen lassen.

2
Die Blaubeeren waschen. Eine kleine Pfanne bei mittlerer Temperatur erhitzen und gleichmäßig mit etwas Öl einstreichen. Pro Pancake 3–4 EL Teig hineingeben und mit einem Löffel zu gleichmäßigen Pancakes formen (für besonders gleichmäßige Pancakes einen kleinen Tortenring verwenden), der Teig sollte dabei eine dickflüssige Konsistenz haben und in der Pfanne nur geringfügig auseinanderlaufen. Sofort ein paar Blaubeeren auf dem Teig verteilen. Sobald dieser an der Oberfläche kleine Bläschen wirft, vorsichtig wenden und die andere Seite ebenfalls goldbraun backen. Den Vorgang wiederholen, bis Teig und Beeren aufgebraucht sind, dabei die fertigen Pancakes im Backofen bei ca. 50 °C warm halten.

3
Die Pfannkuchen auf einem Teller schichten, nach Wahl toppen und servieren.

DEICHMADAME

Mein Name ist Ina, mein Alter ist irgendwas mit 30, und ich wohne zusammen mit meinem Mann und unseren beiden Stubentigern in einem kleinen Dörfchen im schönen Ostfriesland. Egal ob süß oder herzhaft: Ich liebe es, den Kochlöffel zu schwingen! Neben meinem Bürojob ist es für mich ein kreativer Ausgleich oder auch mein ganz persönliches Yoga. Vor allem aber macht es mir einen Heidenspaß, aus einzelnen Zutaten etwas Tolles zu zaubern und das Ganze hübsch in Szene zu setzen und es auf meinem Blog »deichmadame.de« mit anderen zu teilen.

deichmadame.de   deichmadame   deichmadame

Fertig in 50 Minuten – Schwierigkeitsgrad 1

DUTCH BABY MIT GERÖSTETEN KIRSCHEN UND AMARETTO-SCHLAGSAHNE

Ofenpfannkuchen mit Kirschen und Amaretto-Schlagsahne – das besondere Frühstück fürs Wochenende.

ZUTATEN FÜR 2 PERSONEN

Kirschen
150 g Kirschen
1 EL Honig
½ EL Amaretto-Likör

Dutch Baby
2 EL Butter
80 ml Milch
2 Eier
1 EL Zucker
½ TL Vanilleextrakt
40 g Mehl
½ TL Salz

Amaretto-Schlagsahne
80 g süße Sahne
½ EL Amaretto-Likör
1–2 EL Zucker nach Geschmack
½ TL Vanilleextrakt

Zum Anrichten
Puderzucker
Geröstete Mandeln

ZUBEREITUNG

1
Für die Kirschen den Backofen auf 200 °C Umluft vorheizen. Kirschen waschen, entsteinen und mit Honig und Amaretto in eine kleine Auflaufform geben. Im Ofen ca. 15–20 Minuten backen, dabei ein- oder zweimal umrühren oder bis die Kirschen weich sind, platzen und der Saft in der Form etwas eingedickt ist. Dann aus dem Ofen nehmen und beiseitestellen. Den Ofen bei gleicher Temperatur eingeschaltet lassen.

2
Für das Dutch Baby die Butter in einer Gusseisenpfanne im Ofen schmelzen. Milch mit Eiern, Zucker und Vanilleextrakt schaumig schlagen. Mehl und Salz zugeben und zu einem glatten Teig verrühren. Die heiße Pfanne aus dem Ofen nehmen und den Teig zügig einfüllen (Achtung: Die geschmolzene Butter kann dabei spritzen!). Das Dutch Baby im Ofen ca. 15–20 Minuten backen. Anschließend die Temperatur auf 130 °C reduzieren und das Dutch Baby weitere 5 Minuten backen. Dann die Pfanne aus dem Ofen nehmen.

3
Während das Dutch Baby backt, für die Amaretto-Schlagsahne die Sahne aufschlagen. Likör, Zucker und Vanilleextrakt zugeben und alles cremig aufschlagen.

4
Amaretto-Sahne, Kirschen inkl. Saft, Puderzucker und Mandeln zum Anrichten bereitstellen, da das Dutch Baby dazu neigt, schnell zusammenzufallen. Sobald es fertig ist, sofort die Kirschen und den Kirschsaft darauf verteilen. Mit Puderzucker bestäuben, mit der Amaretto-Sahne und Mandeln garnieren und sofort servieren.

TIPP
Um Zeit zu sparen, können die Kirschen und das Dutch Baby gleichzeitig in den Ofen geschoben werden.

LINAL'S BACKHIMMEL
Ich heiße Caroline, und Backen ist mein Ausgleich zum hektischen Leben. Wenn ich mir ein bisschen Ruhe wünsche, verschwinde ich oft in der Küche. Die Liebe zum Backen verdanke ich meiner Oma, mit der ich schon als kleines Kind in die Küche durfte. Im Studium entstand dann die Idee zu einem Blog, als Gegenpunkt zu den doch sehr theoretischen Vorlesungen. Außerdem bündelt der Blog meine zwei großen Leidenschaften: Backen und Fotografieren. Seit 2016 teile ich jetzt also meine liebsten Kreationen auf »Linal's Backhimmel«. Dabei lege ich besonderen Wert darauf, dass die Rezepte auch wirklich nachbackbar sind!

linalsbackhimmel.de ⓘ linalsbackhimmel Ⓟ linalsbackhimmel

Fertig in 70 Minuten – Schwierigkeitsgrad 1

BUTTERZARTE FRÜHSTÜCKSHÖRNCHEN

Schließe deine Augen und konzentriere dich auf den Duft frisch gebackener Frühstückshörnchen. Und? Hat es funktioniert? Es gibt flauschige, butterzarte und wunderbar duftende Hörnchen zum Frühstück mit einem himmlischen Geschmack.

ZUTATEN FÜR 16 HÖRNCHEN

1 Pk. Trockenhefe
50 g Zucker
2 Pk. Vanillezucker
120 ml lauwarme Milch
450 g Mehl (Type 550) + mehr
für die Arbeitsfläche
2 Eier (Größe S)
1 Prise Salz
145 g weiche Butter

Außerdem
1 Ei
1 EL Milch

ZUBEREITUNG

1

Trockenhefe, Zucker und Vanillezucker in einer großen Schüssel in der Milch auflösen. Mehl, Eier, Salz und 120 g Butter hinzufügen und mit der Küchenmaschine in 8 Minuten zu einem glatten Teig kneten. Den Hefeteig mit Frischhaltefolie abdecken und an einem warmen Ort 45 Minuten gehen lassen.

2

Anschließend den Teig durchkneten, in 2 Portionen teilen und jedes Stück kreisrund auf ca. 28 cm Durchmesser ausrollen. Eine der Teigplatten auf einen großen Teller legen und die restliche Butter gleichmäßig darauf verteilen, die andere Teigplatte darüberlegen, mit Frischhaltefolie abdecken und für 45 Minuten in den Gefrierschrank stellen.

3

Dann den Hefeteig auf einer leicht bemehlten Arbeitsfläche rund auf ca. 45 cm Durchmesser ausrollen und mit einem Pizzaschneider in 16 Tortenstücke teilen. Jedes Dreieck halbmondförmig zusammenrollen und mit genügend Abstand auf 2 mit Backpapier ausgelegte Backbleche legen. Das Ei mit der Milch verquirlen, die Hörnchen mit einem Teil der Mischung bestreichen und 30 Minuten gehen lassen.

4

Den Backofen auf 190 °C Ober-/Unterhitze vorheizen. Die Hörnchen mit der restlichen Ei-Milch bestreichen und auf jeweils einem Blech nacheinander im Ofen auf der 2. Schiene von unten in 20–25 Minuten goldgelb backen. Anschließend die butterzarten Frühstückshörnchen auf einem Kuchengitter lauwarm abkühlen lassen und servieren.

LISSI'S PASSION

Mein Name ist Sandra Elisabeth, Spitzname Lissi. Ich verbrachte meine Kindheit auf Sardinien, wo ein Stück meines Herzens heute noch ist. Sardinien und die sardische Küche ist für mich »Liebe« pur. Vermutlich entwickelte ich dort auf den Wochenmärkten meine Vorliebe für frische Lebensmittel. Schmackhaftes mit frischen Produkten aus der saisonalen und regionalen Küche zu zaubern ist etwas Wunderschönes und macht mich immer wieder glücklich. Heute kombiniere ich meine Leidenschaften Backen, Kochen und die Fotografie, um tolle Rezepte auf meinem Blog »Lissi's Passion« zu präsentieren.

lissis-passion.de lissispassion lissispassion

Fertig in 80 Minuten – Schwierigkeitsgrad 1

KERNIGES KNÄCKEBROT

Knäckebrot ist gesund, lässt sich gut aufbewahren und bei vielen Gelegenheiten genießen. Toll an diesem Rezept ist seine Wandelbarkeit – man kann 1001 süße und pikante Varianten ausprobieren.

ZUTATEN FÜR 2 BLECHE (ca. 32 x 40 CM)

240 g Mehl
(z. B. Urdinkel, Bauernbrotmehl, Kastanienmehl)
300 g Nüsse, Kerne, Flocken
(z. B. Sonnenblumenkerne, Kürbiskerne,
Leinsamen, Sesamsamen, Mandelstifte, gehackte
Baumnüsse, Pistazien, Mohnsamen, Kümmel,
Chiasamen, Haferflocken)
1 TL Salz
60 ml Öl
(z. B. Nussöl, Olivenöl, Rapsöl)
Grobes Meersalz oder Fleur de Sel
zum Bestreuen
(das Salz kann auch aromatisiert sein,
z. B. mit Rosmarin oder Thymian)

ZUBEREITUNG

1

Mehl, Nüsse und Salz mischen. Das Öl und 400 ml kochendes Wasser dazugießen und alles gut vermengen. Den Teig auf 2 mit Backpapier ausgelegte Backbleche streichen und mit dem Teigrad in die gewünschte Größe schneiden (man kann nach dem Backen dann leicht passende Stücke abbrechen). Zuletzt den Teig mit Meersalz bestreuen.

2

Beide Bleche zusammen in den Ofen geben und das Brot bei 150 °C Umluft eine gute Stunde backen. Anschließend abkühlen lassen und gleich servieren, verschenken oder in einer gut verschließbaren Dose bis zu 1 Monat lagern.

TIPP EINER BLOGLESERIN

Den Teig zuerst 10 Minuten backen – und dann erst mit dem Teigrad in Stücke schneiden.

REGULA ZELLWEGER

Ich heiße Regula, habe drei erwachsene Kinder und lebe bei Zürich und im Wallis. Rund zehn Jahre war ich Chefredakteurin eines Schweizer Monatsmagazins für aktive und lebensfrohe Menschen, daneben arbeitete ich als Journalistin, Psychologin/Laufbahnberaterin und Buchautorin. Ich mag schöne Dinge, Reisen, Haus und Garten, Bücher, Musik und vor allem Kontakte mit Menschen aus aller Welt. Nun bin ich 65+, liebe meinen bunten Berufsmix, kann aber etwas kürzertreten. Meiner Leidenschaft am Vermitteln von Inhalten, die motivieren, das Leben frechmutig und kreativ zu gestalten, fröne ich nun im eigenen Blog »Alt werden kann ich später«.

altwerden-spaeter.blog · ⓘ altwerdenkannichspäter · ⓕ Alt werden kann ich später

Dieses Rezept findest du auf S. 76.

HAUPTSPEISEN

Bei einem ausgedehnten Lunch oder Dinner kann es ruhig mal etwas üppiger zugehen.
Knackiges Gemüse gehört gewiss dazu, ebenso eine deftige Sättigungsbeilage und das,
was im Englischen treffend als *protein* bezeichnet wird – so viel zur Theorie.
Selbstverständlich kann im Alltag aber auch ein herzhafter Eintopf eine wunderbare und für sich
stehende Alternative zu einer aufwendigen Hauptspeise sein. Wie immer beim Essen gilt: Erlaubt
ist, was schmeckt. In jedem Fall aber ist die Hauptspeise eines: das Herzstück jeder Mahlzeit.

Fertig in 30 Minuten – Schwierigkeitsgrad 1

GEBRATENE GRÜNE BOHNEN NACH ASIATISCHER ART

Gebratene grüne Bohnen werden etwas im Wok angebraten und mit einer asiatischen Sauce aus Sojasauce, Ingwer und Chiliflocken übergossen. Eine leckere aromatische Beilage oder mit Reis als Hauptgericht.

ZUTATEN FÜR 4 PERSONEN

500 g grüne Bohnen
1,5 EL Olivenöl (alternativ Avocadoöl)
2 Knoblauchzehen
2 Schalotten
½ EL Sesamöl
1 EL frisch geriebener Ingwer
2 EL Sojasauce (alternativ Tamari)
½ TL Mascobado-Vollrohrzucker (alternativ Kokosblütenzucker)
1 EL ungewürzter japanischer Reisweinessig
¼ TL rote Chiliflocken oder weniger nach Geschmack

Zum Anrichten
Geröstete Sesamsamen zum Bestreuen
Gedämpfter Jasminreis als Beilage (optional)

ZUBEREITUNG

1

Die Bohnen waschen und die Spitzen entfernen. 1 EL Olivenöl in einer Wokpfanne bei mittlerer bis hoher Temperatur erhitzen und die Bohnen darin unter häufigem Rühren ca. 10 Minuten anbraten, bis sie anfangen, braun zu werden. Dann aus dem Wok nehmen und beiseitestellen.

2

Den Knoblauch und die Schalotten schälen, den Knoblauch in dünne Scheiben schneiden, die Schalotten fein hacken. Das übrige Olivenöl und das Sesamöl bei mittlerer Temperatur in den Wok geben. Knoblauch, Ingwer und Schalotten hinzufügen und 1–2 Minuten anbraten, bis die Schalotten weich sind. Die warmen Bohnen sowie 60 ml Wasser zugeben und abgedeckt 1–2 Minuten kochen, bis die Bohnen die gewünschte Konsistenz haben.

3

Zuletzt Sojasauce, Zucker, Reisessig, Chiliflocken zugeben und gut umrühren. Alles in Servierschüsseln anrichten und mit Sesamsamen bestreuen. Optional mit gedämpftem Reis servieren.

ELLE REPUBLIC

Mein Name ist Elle und ich bin gebürtige Kanadierin und Weltenbummlerin. Ich wuchs in Vancouver auf und bereiste mehrere Jahre die Welt, bevor ich nach Deutschland kam. Ich liebe es, gesund und vielfältig zu kochen. Genau deshalb gestalte ich mit Begeisterung meinen Blog »Elle Republic« mit leckeren und schnell zubereiteten Gerichten aus gesunden, frischen Zutaten. Regelmäßig Health Food auf den Tisch zu bringen und ein anstrengender Job lassen sich nicht vereinbaren? Auf meinem Blog beweise ich das Gegenteil. Hier zeige ich, wie man mit frischen Zutaten und wenig Zeit gesunde Küche kreieren kann. In meinen Rezepten finden sich außerdem viele Einflüsse unterschiedlicher Länder wieder.

ellerepublic.de ⬡ ellerepublic ⬡ ellerepublic

Fertig in 50 Minuten – Schwierigkeitsgrad 1

VEGANE CHILI CHEESE FRIES

Dieses Rezept ist wieder mal ein Beweis: Kein Mensch braucht tierische Produkte – weder Hackfleisch noch Käse. Gibt's alles in vegan.

ZUTATEN FÜR 3 PERSONEN

750 g TK-Pommes-frites
(alternativ selbst gemacht)
1 große Zwiebel
2 Knoblauchzehen
2 EL Olivenöl
200 g veganes Hack
420 g Kidneybohnen,
(255 g Abtropfgewicht)
400 g stückige Tomaten
Salz
Pfeffer
¼ TL Cayennepfeffer
½ TL Chiliflocken
¼ TL Paprikapulver
100–150 g veganer Reibekäse
4 Frühlingszwiebeln

ZUBEREITUNG

1
Pommes im Airfryer oder in der Fritteuse nach Packungsanweisung zubereiten.

2
Währenddessen Zwiebel und Knoblauch schälen, klein würfeln und im Olivenöl anbraten. Veganes Hack zugeben und kurz mitbraten. Bohnen und stückige Tomaten sowie Gewürze zugeben, alles gut verrühren und einige Minuten leicht köcheln lassen (beim Chili ist es wichtig, dass es nicht zu flüssig ist. Also lieber etwas länger köcheln lassen, damit es schön sämig wird).

3
Pommes auf einem mit Backpapier ausgelegten Backblech verteilen. Das Chili mit dem veganen Käse vermischen und über den Pommes verteilen. Die Chili Cheese Fries im Ofen 8–10 Minuten backen.

4
Währenddessen Frühlingszwiebeln waschen, putzen und in kleine Ringe schneiden. Die Chili Cheese Fries mit den Ringen und Chiliflocken bestreuen und servieren.

IHANA.LIFE

Ich bin Tanja, wohne in der Nähe von Stuttgart und arbeite als Redakteurin. Ich liebe es, zu fotografieren, zu reisen und zu bloggen, mich für die Recht der Tiere einzusetzen und den Menschen zu zeigen, wie einfach und bereichernd eine vegane Lebensweise ist. Auf meinem Blogazine »ihana. life« sieht meine Leserschaft, was mich bewegt und inspiriert, was mir schmeckt und was mir Spaß macht – denn die vegane Welt ist eine spannende. Eine Welt voller Überraschungen, toller Menschen und Tiere, die eine Menge zu erzählen haben.

ihana.life ⓘ ihana_life ⓕ ihana.life

Fertig in 50 Minuten – Schwierigkeitsgrad 1

CHICORÉE MIT ORANGE AUS DEM OFEN

Mein Chicorée aus dem Ofen ist ein tolles veganes Gericht, das ganz sicher auch Nichtveganern schmeckt.

ZUTATEN FÜR 2 PERSONEN

3 Chicoréeherzen
2–3 EL Rapsöl
Abrieb von ½ Bio-Orange
Saft von 1 Orange
3 TL Ahornsirup
Salz
Pfeffer
1 Zweig Rosmarin, Nadeln abgezupft

ZUBEREITUNG

1

Den Chicorée waschen, in 2 Hälften teilen und in eine Auflaufform geben. Zuerst das Öl, danach den Orangenabrieb darübergeben.

2

Den Orangensaft mit dem Ahornsirup gut vermischen. Mit Salz und Pfeffer würzen. Die Mischung über die Chicoréehälften verteilen. Zuletzt die Rosmarinnadeln darüberstreuen.

3

Den Chicorée im Backofen bei 180 °C Ober-/Unterhitze ca. 40 Minuten backen und dann servieren.

GENUSS DES LEBENS

Ich bin Janine, liebe gutes Essen und genauso das Kochen! Dabei sind mir frische Zutaten und viel Gemüse sehr wichtig. Dazu habe ich 2018 meinen Blog »Genuss des Lebens« gegründet und teile dort seitdem meine liebsten Rezepte. Auf dem Blog möchte ich zeigen, wie vielseitig die vegetarische oder sogar die vegane Küche sein kann. Außerdem möchte ich dazu inspirieren, gesünder und bewusster zu essen. Ich freue mich, wenn du vorbeischaust!

genussdeslebens.de genussdeslebens genussdeslebens

Fertig in 45 Minuten – Schwierigkeitsgrad 1

VEGANE GRÜNKERN-HOISIN-BOWL

**Eine knackige süßsaure und vegane Bowl,
die eine Geschmacksexplosion auslöst.**

ZUTATEN FÜR 4 PERSONEN

1 mittelgroßer Blumenkohl
½ TL Salz
2 EL Olivenöl
200 g Grünkern
100 g TK-Edamame
1 EL Speisestärke
1 Knoblauchzehe
60 ml Sojasauce
2 EL brauner Zucker
2 EL Reisessig
2 EL Hoisin-Sauce

Außerdem
1 Schüssel mit Deckel
2 Handvoll geriebener Rotkohl
Sesamsamen zum Bestreuen
1 in Streifen geschnittene Avocado
1 in Spalten geschnitten Bio-Limette
In kleine Ringe geschnittene Chilischoten
zum Garnieren

ZUBEREITUNG

1

Den Backofen auf 220 °C Ober-/Unterhitze vorheizen. Blumenkohl waschen, in kleine Röschen zerteilen und diese in die Schüssel geben. Mit Salz und Olivenöl vermengen. Den Deckel aufsetzen und kräftig schütteln, damit sich die Marinade gut verteilt. Den Blumenkohl auf einem mit Backpapier ausgelegtem Backblech verteilen und im Ofen 35 Minuten backen, dabei den Kohl nach 20 Minuten wenden.

2

Den Grünkern in Salzwasser nach Packungsanweisung garen (im Thermomix: im Garkorb, 1250 ml Wasser, 25 Minuten, 100 °C, Stufe 1). Die Edamame in ein Metallsieb geben und die letzten 3 Minuten zu dem Grünkern hängen, sodass sie auftauen und schön knackig bleiben (im Thermomix: den Varoma-Aufsatz aufsetzen).

3

Die Speisestärke in einem Schälchen in Wasser auflösen und beiseitestellen. Den Knoblauch schälen und hacken. Sojasauce, Zucker, Reisessig, Hoisin-Sauce und Knoblauch erhitzen und 2 Minuten köcheln lassen. Dann die Speisestärkemasse zugeben und unter Rühren weitere 3 Minuten köcheln lassen. Anschließend die Sauce vom Herd nehmen.

4

Den Blumenkohl mit einem Teil der Sauce einpinseln und weitere 5 Minuten backen.

5

Zum Anrichten zuerst den Grünkern auf Schälchen verteilen, dann den Rotkohl und Blumenkohl danebenlegen, die Edamame darüberstreuen und mit den restlichen Zutaten garnieren. Die übrige Sauce darübergeben und die Bowls servieren.

WAS JILL MACHT

Mein Name ist Jill, und ich blogge auf »wasjillmacht«. Das ist meine persönliche Rezeptesammlung, in der ich meine kulinarischen Lieblinge für dich und mich festhalte. Der Blog ist noch jung, und umso mehr freue ich mich, dass meine Grünkern-Hoisin-Bowl bereits so gut ankommt! Das motiviert mich sehr, neue Rezepte zu posten. Die meisten meiner Gerichte sind blitzschnell zubereitet und eignen sich prima im Alltag. Genau diese möchte ich mit anderen teilen, denn ich weiß, wie schwer es ist, das Selberkochen im Trubel des Lebens nicht zu kurz kommen zu lassen.

wasjillmacht.blogspot.com ⓘ wasjillmacht

Fertig in 35 Minuten – Schwierigkeitsgrad 2

SPINATKNÖDEL MIT BRAUNER BUTTER UND GEHOBELTEM PARMESAN

Damit holt man sich den Urlaub nach Hause: Spinatknödel mit brauner Butter und Parmesanhobel schmecken wie Ferien in Südtirol.

ZUTATEN FÜR 12 KNÖDEL

150 g altbackene Brötchen vom Vortag
Ca. 100 ml lauwarme Milch
1 mittelgroße Zwiebel
1 Knoblauchzehe
2 EL Butter
500 g TK-Spinat, aufgetaut und fein gehackt
1 Ei (Größe L)
2 EL Mehl
Salz
Pfeffer
Frisch geriebene Muskatnuss
Ca. 3 EL Paniermehl

Zum Anrichten
Heiße, braune Butter
Frisch gehobelter Parmesan

ZUBEREITUNG

1

Die Brötchen klein würfeln und mit der lauwarmen Milch übergießen. Beides vorsichtig mit den Händen vermischen, bis das Brot vollständig in der Milch eingeweicht ist. Zwiebel und Knoblauch schälen, Zwiebel fein würfeln und Knoblauch zerkleinern. Beides in einer kleinen Pfanne in der Butter hellgolden dünsten. Den Spinat ausdrücken.

2

Das Ei und das Mehl zu den Brötchen geben und vermischen. Den Spinat und die Zwiebelmasse untermengen. Kräftig mit Salz, Pfeffer und Muskat abschmecken. So viel von dem Paniermehl zugeben und den Knödelteig mit den Händen gründlich verkneten, bis er gut bindet. Abschmecken und ca. 15 Minuten ruhen lassen.

3

Anschließend einen Probeknödel in Tischtennisballgröße formen und in kochendem Salzwasser ca. 10 Minuten ziehen lassen. Sollte sich der Knödel im Wasser auflösen, noch etwas Paniermehl unter den Teig geben. Aus dem restlichen Teig mit feuchten Händen 12 Knödel formen und diese im leicht siedenden Salzwasser in ca. 10 Minuten gar ziehen lassen, bis sie an der Oberfläche schwimmen. Dann mit einem Schaumlöffel herausheben und warm stellen.

4

Zum Anrichten die Knödel in tiefe Teller geben, mit heißer, brauner Butter beträufeln und mit Parmesanhobeln bestreuen.

TIPP

Dazu passt sehr gut ein frischer Salat, wie z. B. Rucola mit Cherrytomaten und einer leckeren Vinaigrette. Und wenn man dann noch einen schönen Südtiroler Wein dazu trinkt, dann ist man schon fast jenseits der Alpen …

KATHARINA VAN SONTUM

Mein Name ist Karin und in meinem Blog »Ich hab da mal was ausprobiert« blogge ich als Katharina van Sontum seit August 2014. Egal ob Koch- oder Backrezepte, alles was uns schmeckt und was es wert ist, aufgeschrieben zu werden, erscheint dort. Aber auch bei Facebook, Instagram, Pinterest und der Rezeptebuch.com-Plattform findet man mich. Neben dem Bloggen zählen außerdem Fotografieren und Nähen noch zu meinen Hobbys.

katharinahatwasausprobiert.blogspot.com ⊙ katharinavansontum ⓕ KatharinavanSontum

Fertig in 40 Minuten – Schwierigkeitsgrad 2

TOMATEN-RICOTTA-TARTE

**Diese Tarte ist ein mediterranes Mittagessen,
aber auch als Beilage super geeignet.**

ZUTATEN FÜR 2 PERSONEN

1 Pk. Blätterteig
1 Ei
250 g Ricotta
Salz
Pfeffer
3 große Rispentomaten
(oder 300 g Cherrytomaten)
2 EL Olivenöl
1–2 Stängel Basilikum
1 Stängel Oregano

ZUBEREITUNG

1

Den Blätterteig in einer Tarteform auslegen und mit der Gabel ein paarmal einstechen. Das Ei mit dem Ricotta, Salz und Pfeffer vermischen und die Masse auf dem Blätterteig verteilen.

2

Die Tomaten waschen, putzen, halbieren oder in Scheiben schneiden. Auf die Eimasse legen. Mit dem Olivenöl beträufeln.

3

Die Tarte bei 180 °C Ober-/Unterhitze ca. 25 Minuten backen. Nach dem Backen der Tarte die frisch gewaschenen und anschließend getrockneten und klein geschnittenen Kräuter auf der noch warmen Tarte verteilen. Dann in Stücke schneiden und eventuell mit frischem Salat servieren.

KATRIN INTHEKITCHEN

Ich heiße Katrin, bin 31 Jahre, Mutter eines Sohnes und komme aus Österreich. Seit 2016 gestalte ich meinen Foodblog »Katrin inthekitchen«. Auf meinem Blog findest du viele leckere Rezepte, kreative DIY-Ideen und ein bisschen Familienleben. Mittlerweile ist mein Foodblog zu einem richtigen Hobby geworden, ich verbringe jede Menge Zeit damit und habe sehr viel Spaß beim Kochen und Fotografieren. Auf meinem Blog halte ich euch mit vielen Rezepten sowie den neuesten Foodtrends auf dem Laufenden.

katrininthekitchen.com 🔘 katrininthekitchen 🅿 katrininthekitchen

Fertig in 55 Minuten – Schwierigkeitsgrad 1

LINSEN-KAROTTEN-CURRY MIT LIMETTE UND APFEL

Erfrischendes, fruchtiges und cremiges Linsencurry, abgeschmeckt mit der Säure der Limette. Dazu der knackige Apfel, der eine Extraportion Frische in das Gericht bringt.

ZUTATEN FÜR 4 PERSONEN

1 Zwiebel
1 Knoblauchzehe
4 Karotten
15 g Butter
125 g Linsen
400 ml Brühe
125 g Reis
250 ml Kokosmilch
Salz
4–5 TL Currypulver
2 TL Paprikapulver
2 TL edelsüßes Paprikapulver
1 Apfel
7–8 TL Limettensaft

ZUBEREITUNG

1

Zwiebel und Knoblauch schälen, die Zwiebel würfeln. Die Karotten waschen, putzen und in Scheiben schneiden. Die Zwiebeln mit dem Knoblauch in der Butter andünsten. Die Karotten zugeben, ca. 100 ml Wasser dazugießen und aufkochen.

2

Die Linsen waschen und mit der Brühe zugeben. Das Curry ca. 45 Minuten köcheln lassen. Nach ca. 30 Minuten Garzeit den Reis nach Packungsanweisung zubereiten.

3

Kokosmilch, Salz, Curry- und beide Paprikapulver zu dem Curry geben. Den Apfel waschen, entkernen, achteln und in dünne Scheiben schneiden. Den Limettensaft zum Curry hinzufügen, dabei vorsichtig löffelweise vorgehen, da er schnell zu stark hervorschmecken kann.

4

Das Curry mit dem Reis auf Tellern anrichten und den Apfel darübergeben.

KITCHEN SPIRIT

Ich bin Julia und liebe Gemüse seit jeher. Denn daraus lassen sich unglaublich leckere Rezepte kochen, die auch echte Hingucker sind. Dabei bin ich ständig auf der Suche nach neuen Kreationen, Gewürzen und überraschenden Kombinationen. Meine Rezepte sind nie besonders kompliziert und kommen (fast) immer mit den Zutaten aus, die meist schon in der Küche vorhanden sind. Das alles teile ich auf »Kitchen Spirit«, meinem Foodblog rund um Gemüse. Besuche mich auf meiner Website oder auf Instagram und habe Spaß beim Kochen!

kitchen-spirit.de kitchenspirit_ks

Fertig in 60 Minuten – Schwierigkeitsgrad 2

SHAHI PANEER – INDISCHER KÄSE IN CREMIGER TOMATENSAUCE

Für dieses äußerst beliebte und bekannte nordindische Gericht aus der sogenannten Muglai-Cuisine (Mogul-Küche) wird indischer Frischkäse in einer würzigen Tomatensauce serviert.

ZUTATEN FÜR 4 PERSONEN

10–15 Cashewnüsse oder Mandeln
4–5 Tomaten
1–2 Zwiebeln
1 cm großes Stück Ingwer
1–2 Knoblauchzehen
2 Kapseln grüner Kardamom
1 Kapsel schwarzer Kardamom
½ TL Kashmiri-Chili
1 TL gemahlener Koriander
1 TL Kreuzkümmelsamen
½ TL Garam Masala
½ TL Kurkumapulver
2 EL Joghurt
2–3 EL Ghee oder Öl
1 Sternanis
2 Gewürznelken
1–2 indische Lorbeerblätter
½ Zimtstange (z. B. Dalchini, Cassia)

Außerdem
1 TL Kashmiri-Chili
1 TL Kasuri Methi (getrocknete
Bockshornkleeblätter)
1–2 EL Ghee oder Öl
Süße Sahne oder Butter zum Abschmecken
Salz
Pfeffer
Zucker zum Abschmecken
300 g Paneer

ZUBEREITUNG

1
Cashews in etwas warmem Wasser einweichen. Tomaten waschen, putzen und grob würfeln. Zwiebeln schälen und grob würfeln. Ingwer und Knoblauch schälen und zu einer Paste mörsern oder fein reiben. Kardamomkapseln mit einem Messer aufdrücken. Chili, Koriander, Kreuzkümmelsamen, Garam Masala und Kurkuma mit dem Joghurt verrühren.

2
Ghee in einem Topf erhitzen. Zwiebeln mit Sternanis, Gewürznelken, Lorbeer, Zimtstange und Kardamom darin bei niedriger bis mittlerer Temperatur andünsten. Die Knoblauch-Ingwer-Paste kurz mitdünsten, aber nicht anbrennen lassen. Die Joghurtmischung hinzufügen und kurz mit erhitzen. Dann Tomatenwürfel, Cashews sowie etwas Wasser zugeben. Alles abgedeckt bei niedriger Temperatur ca. 20 Minuten schmoren und anschließend etwas abkühlen lassen. Zimtstange und Lorbeer entfernen und die Sauce mit dem Pürierstab oder Mixer gründlich pürieren. Gegebenenfalls etwas Wasser hinzufügen und die Tomatensauce durch ein Sieb passieren.

3
Für etwas mehr Feuer und intensive Farbe Kashmiri-Chili und etwas Kasuri Methi in einer Pfanne in Ghee kurz erhitzen und zur Tomatensauce geben.

4
Sauce mit Sahne, Salz, Pfeffer und Zucker abschmecken. Paneer 1–2 cm groß würfeln, in die Sauce geben und gut 5 Minuten erwärmen. Shahi Paneer auf Schüsseln verteilen, mit etwas Sahne und restlichem Kasuri Methi garniert servieren.

TIPP
Dazu passt Reis oder Fladenbrot.

MAMPFNESS
Hinter »Mampfness« steht eine junge vierköpfige Familie aus München. Wir haben mit diesem Blog dem behaglichen und glückseligen »Mhhhh ... lecker!«-Gefühl beim Essen einen Namen gegeben. Seit 2017 veröffentlichen wir auf unserem Blog allerhand Kochrezepte, die bei uns ganz viel »Mampfness« erzeugt haben. In unserem »Kochen wir das wieder?«-Gremium entscheiden wir, ob ein Gericht nach (manchmal mehrfacher) Verkostung einen Platz auf dem Blog verdient hat. Die Meinung unserer Kinder spielt dabei eine wesentliche Rolle, was bei den wählerischen Etepetete-Zwergen durchaus anstrengend und langwierig sein kann!

mampfness.de mampfness mampfness

Fertig in knapp 180 Minuten – Schwierigkeitsgrad 1

TOMATEN-CROSTATA

Eine köstliche, herzhafte Tarte mit Tomaten.

ZUTATEN FÜR 2 PERSONEN

Teig
250 g Dinkelmehl
125 g weiche Butter
1 TL Salz
Etwas Pfeffer
1 Ei
½ TL getrocknetes Basilikum
20 g geriebener Parmesan

Belag
Mindestens 4 Tomaten, je nach Größe auch mehr
½ Stange Lauch
150 g Ziegenfrischkäse
Abrieb von 1 Bio-Zitrone
Meersalz
Pfeffer
1 Ei
Süße Sahne zum Bestreichen
Olivenöl zum Beträufeln

ZUBEREITUNG

1

Für den Teig das Mehl mit den übrigen Zutaten und 1 EL eiskaltem Wasser in eine Schüssel geben und zügig zu einem glatten Teig verkneten. Zu einer Kugel formen, in Frischhaltefolie wickeln und für mindestens 2 Stunden in den Kühlschrank stellen. Den Backofen auf 180 °C Ober-/Unterhitze vorheizen.

2

Für den Belag Tomaten und Lauch waschen und putzen. Tomaten in Scheiben, Lauch in Streifen schneiden. Den Teig auf einem Stück Backpapier ca. 3 mm dick rund ausrollen. Den Ziegenfrischkäse auf dem Teig verstreichen, dabei ringsum einen Rand von ca. 4 cm frei lassen. Zuerst den Zitronenabrieb, dann die Tomatenscheiben und zuletzt den Lauch darüber verteilen. Mit Salz und Pfeffer würzen. Den Teigrand rundherum über den Belag klappen. Das Ei mit Sahne verquirlen und den Teigrand damit bestreichen. Alles mit etwas Olivenöl beträufeln.

3

Die Crostata im Ofen ca. 35 Minuten backen, bis der Rand schön goldgelb ist. Anschließend am besten noch etwas warm servieren.

NINAMANIE

Ich heiße Martina, in meiner Familie habe ich aber den Spitznamen Nina, und daher heißt mein Blog »ninamanie«. Zum Bloggen bin ich zufällig gekommen, durch eine ehemalige Kollegin und Freundin. Sie hat gleich erkannt, dass ich damit zwei meiner Leidenschaften verbinden kann: Kochen/Backen und Fotografieren. Meine Rezepte sind meist einfach – ich mag die schnelle, unkomplizierte und leckere Küche. Und sie sind laktosefrei oder -reduziert. Was mir wichtig ist, auch wenn ich natürlich manchmal Ausnahmen mache: Saisonalität und Regionalität. Gerne schreibe ich außerdem über Kochbücher, und hin und wieder gibt es (kulinarische) Reisetipps.

ninamanie.com ⊙ martina_ninamanie ⓟ NiNAmanie

Fertig in 20 Minuten – Schwierigkeitsgrad 2

VEGANE SOMMERROLLEN-BOWL MIT ERDNUSS-CHILI-SAUCE

Diese köstliche vegane Sommerrollen-Bowl mit Erdnuss-Chili-Sauce ist auch als Summer Roll Bowl bekannt: erfrischend, lecker, cremig! Ich liebe noch etwas Hoisin-Sauce dazu.

ZUTATEN FÜR 2 PERSONEN

Sauce
65 g cremige Erdnussbutter
3 EL Sojasauce + mehr nach Geschmack
2 EL Ahornsirup
2 EL Reisessig
1 EL Sesamöl
2 EL Limettensaft
1 EL süße Chilisauce + mehr nach Geschmack

Sommerrollen
⅓ Pk. Reisnudeln
½ Mango
1 kleiner Romanesco
1 mittelgroße Karotte
¼ Bio-Salatgurke
½ Avocado
1 Handvoll geröstete Erdnüsse
(ich nehme lieber die ohne Salz)
5 Thai-Basilikum-Blätter (oder normales Basilikum)
4 Minzblätter
2 TL Sesamsamen

ZUBEREITUNG

1
Für die Sauce alle Zutaten mit 2 EL Wasser in eine mittelgroße Schüssel geben und mit einer Gabel cremig rühren (alternativ in ein Marmeladenglas geben und schütteln). Je nach Geschmack mit mehr Sojasauce oder süßer Chilisauce würzen.

2
Für die Sommerrollen die Reisnudeln nach Packungsanweisung zubereiten (meist reicht ein großer Topf und heißes Wasser aus dem Wasserkochen, ganz ohne Kochen).

3
Die Mango schälen und würfeln. Den Salat waschen, trocken schleudern und klein schneiden. Karotte und Gurke waschen, putzen, schälen und mit einer Reibe klein raspeln. Die Avocado in der Schale in Scheiben schneiden (bitte auf einem Brett und nicht in der Hand) und dann die Scheiben mit einem Löffel aus der Schale schälen. Die Erdnüsse grob hacken. Die Kräuter fein hacken.

4
Die Reisnudeln abtropfen lassen. Noch lauwarm mit den restlichen Zutaten für die Sommerrollen (außer Sesamsamen, Erdnüssen und Kräutern) auf 2 Schüsseln verteilen. Die Sauce darübergeben, mit Sesam, Erdnüssen und Kräutern toppen und die Bowls servieren.

NOM NOMS FOOD
Auf meinem Foodblog »Nom Noms food« koche und backe seit über neun Jahren köstliche vegetarische und vegane Rezepte, egal ob süß oder salzig. Ich liebe die einfachen Rezepte, die aber auf dem Teller etwas hermachen. Denn Gäste bewirten macht mir Spaß, aber ich möchte auch mit ihnen Zeit verbringen und nicht nur in der Küche stehen. Garantiert lecker! Da vermisst niemand etwas.

nom-noms.de ⬡ nomnomsfood_jana ⬡ nomnoms_jana

Fertig in 20 Minuten – Schwierigkeitsgrad 1

SCHNELLES KICHERERBSEN-KOKOS-CURRY

Super schnelles veganes Kichererbsen-Curry mit cremiger Kokosmilch und fruchtigen Tomaten. Das Curry kocht in der Zeit, in der der Reis zubereitet wird. Also perfekt, wenn es mal schnell gehen muss!

ZUTATEN FÜR 2 PERSONEN

150 g Reis
1 Zwiebel
1 EL Kokosöl
2 TL Kurkumapulver
1 TL gemahlener Kreuzkümmel
1 TL Chilipulver
440 g gekochte Kichererbsen
400 g stückige Tomaten aus der Dose
400 ml Kokosmilch
Salz
Saft von ½ Zitrone

ZUBEREITUNG

1

Den Reis nach Packungsanweisung kochen.

2

In der Zwischenzeit die Zwiebel schälen und fein würfeln. Kokosöl in einem großen Topf erhitzen und die Zwiebeln darin 3–4 Minuten anbraten, aber nicht zu dunkel werden lassen. Dann Kurkuma, Kreuzkümmel und Chili zugeben und 1 Minute anrösten.

3

Kichererbsen, Tomaten und Kokosmilch hinzufügen und das Curry 15 Minuten köcheln lassen. Zum Schluss salzen und den Zitronensaft unterrühren. Das Curry mit dem gekochten Reis servieren.

TIPP

Falls du noch kleinere Gemüsereste hast, können sie perfekt zu dem Curry kombiniert werden!

PLANTS.FOOD.MIND

Wir sind Malgosia und Madeleine von »plants.food.mind«. Kochen und Backen war schon immer unsere Leidenschaft. Letztere teilen wir inzwischen gerne auf Instagram und unserem Blog in Form von Rezepten und Ideen für den einfachen Umstieg auf eine pflanzenbasierte Ernährung. Außerdem bieten wir Kochkurse an, in denen wir mit simplen Rezepten und leicht zugänglichen Zutaten zeigen, wie vielfältig, gesund und vor allem lecker die vegane Küche sein kann.

plantsfoodmind.com   plants_food_mind

Fertig in 45 Minuten – Schwierigkeitsgrad 1

FRÜHLINGSBOWL MIT SPARGEL-ALLERLEI UND BÄRLAUCHPESTO

Eine vegetarische Frühlingsbowl mit Bärlauchpesto. Besser kann man den Frühling nicht starten: Spargel trifft auf vielerlei Gemüse.

ZUTATEN FÜR 2 PERSONEN

Bowl
500 g grüner und weißer Spargel
2 Stangen Rhabarber
25 g Butter
Salz
Pfeffer
75 g bunte Quinoa
1 Karotte
1 Bund Radieschen
200 g Spinat
2 Frühlingszwiebeln
2 EL Sesamsamen

Pesto
100 g Bärlauch
50 g Sonnenblumenkerne
60 g Parmesan
70 g Olivenöl
Salz
Pfeffer

ZUBEREITUNG

1
Spargel und Rhabarber waschen. Den weißen Spargel schälen sowie vom trockenen Teil befreien. Rhabarber und Spargel schräg klein schneiden und in der Butter goldbraun anbraten. Mit Salz und Pfeffer würzen.

2
Die Quinoa in einem Sieb abspülen und in 150 ml Wasser in ca. 15 Minuten bissfest kochen. Anschließend beiseitestellen.

3
Karotte, Radieschen, Spinat und Frühlingszwiebeln waschen und ggf. putzen. Die Karotte mit einem Sparschäler in feine Scheiben schneiden (natürlich gehen auch Raspeln!). Die Radieschen in dünne Scheiben und die Frühlingszwiebeln in Ringe schneiden.

4
Für das Pesto den Bärlauch waschen und vom Stiel befreien. Nun alle Zutaten für das Pesto in ein hohes Gefäß geben und ordentlich pürieren. Eine gute Küchenmaschine übernimmt natürlich auch den Job.

5
Alles in Bowls schön anrichten und mit Bärlauchpesto, etwas Sesam, Salz und Pfeffer garnieren.

POTTGEWÄCHS

Ich bin Katti und komme aus dem Pott alias Ruhrpott. Auf meinem Blog »Pottgewächs« geht es um viel Herd und Seele, Heimatliebe und großes Gartenglück. In den Rezepten spielen saisonale und regionale Produkte eine große Rolle, genau wie die Leidenschaft für den eigenen Anbau. So kann es vorkommen, dass viele Zutaten aus meinem Garten in den Rezepten auftauchen und ich Tipps zu deren Verwertung gebe. Auch die Kulinarik im Ruhrgebiet findet in meinem Blog seinen Platz: Ab und an stelle ich tolle Lokale aus der Gegend vor.

Pottgewächs.de ⓘ pottgewaechs ⓟ pottgewaechs

Fertig in 45 Minuten – Schwierigkeitsgrad 1

GEMÜSECURRY MIT KOKOSMILCH

Einfaches und schnelles Gemüsecurry mit Kokosmilch und Tofu, das durch einen tollen Geschmack überzeugt.

ZUTATEN FÜR 4 PERSONEN

200 g Tofu
(z. B. Basilikumtofu)
150 g Karotten
1 Zwiebel
2 Knoblauchzehen
2 EL Sesamöl
1 EL Ingwer (zerkleinert)
½ Zucchini
150 g Kichererbsen
(aus der Dose, gekocht)
100 g Mais (aus der Dose)
Salz
Pfeffer
1 EL rote Currypaste
400 ml Kokosmilch
Saft von ½ Zitrone

Zum Anrichten
Gekochter Reis als Beilage
Basilikumblätter

ZUBEREITUNG

1

Die Flüssigkeit aus dem Tofu herausdrücken und den Tofu anschließend würfeln. Karotten, Zwiebel und Knoblauch schälen, Karotten und Zwiebel in kleine Stücke schneiden, Knoblauch fein hacken.

2

Das Sesamöl in einer großen Pfanne erhitzen und den Tofu darin ca. 5 Minuten anbraten. Zwiebeln, Karotten, Ingwer und Knoblauch zugeben und 3 Minuten mit anbraten, bis die Zwiebeln glasig sind. Zucchini waschen und putzen. Mit den abgetropften Kichererbsen, dem Mais, etwas Salz und Pfeffer zugeben und 5 Minuten mitbraten.

3

Dann die Currypaste einrühren und 3 Minuten mit anbraten, dabei ab und zu umrühren. Kokosmilch, 100 ml Wasser und Zitronensaft dazugießen und das Gemüsecurry 5 Minuten köcheln lassen; falls es dabei zu dickflüssig wird, etwas mehr Wasser hinzufügen.

4

Das Curry mit Reis und Basilikum anrichten und servieren.

REISESCHMAUS

Ich bin Felix, 24 Jahre alt und komme aus dem wunderschönen Marburg in Hessen. Durch meine Liebe zum Essen und Reisen ist im Februar 2020 mein eigener Food- und Travelblog »Reiseschmaus« entstanden. Dort finden sich schnelle und einfache Gerichte und außerdem tolle Reiseberichte zu unterschiedlichen Zielen. Ob mit Fleisch, vegetarisch oder auch vegan, bei meinen Rezepten ist für jeden etwas dabei. Schaue gerne auf meinem Blog vorbei und lass dich inspirieren. Ich wünsche dir ganz viel Spaß beim Stöbern!

reiseschmaus.de ⊙ reiseschmaus.de ⊙ Reiseschmaus

Fertig in 60 Minuten – Schwierigkeitsgrad 1

ROTE-BETE-RISOTTO MIT FETA

Erdige, vollmundige Rote Bete trifft auf leicht scharfe Kresse und frischen, kross gebratenen Feta.

ZUTATEN FÜR 2 PERSONEN

Feta
180 g Feta
1 Ei
100 g Mehl
200 g Paniermehl
2 EL Öl zum Anbraten

Risotto
2 Rote Bete
1 rote Zwiebel
2 EL Öl
200 g Risottoreis
2 Knoblauchzehen
1 l Gemüsebrühe
100 ml trockener Weißwein (optional)
1 TL Salz
1 TL Pfeffer

Zum Anrichten
Kresse
Mandeln

ZUBEREITUNG

1

Für die Zubereitung des Feta den Käse in 6 Würfel schneiden. Das Ei verquirlen. Die Würfel zuerst bemehlen, dann durch das Ei ziehen und zuletzt im Paniermehl wenden (die Würfel am besten zweimal so panieren, dann platzen sie später beim Anbraten nicht auf).

2

Für den Risotto die Rote Bete schälen und klein würfeln. Die Zwiebel schälen, würfeln und in einem Topf in etwas Öl andünsten. Risottoreis und Rote Bete zugeben und 3–5 Minuten mit andünsten. Den Knoblauch schälen, würfeln und hinzufügen.

3

Die Mischung mit etwas Brühe und optional Weißwein ablöschen, sodass der Reis mit Flüssigkeit bedeckt ist. Bei niedriger Temperatur köcheln lassen, dabei öfter umrühren. Wenn die Flüssigkeit aufgesogen ist, die restliche Brühe und optional den Wein nach und nach angießen, dabei ab und zu umrühren und die jeweils nächste Portion Brühe (und optional Wein) immer erst angießen, wenn der Reis die Flüssigkeit aufgenommen hat. Den Reis so insgesamt ca. 30 Minuten garen, bis er weich ist.

4

Den Topf vom Herd nehmen. Die Feta Würfel in einer Pfanne im restlichen Öl rundum gut anbraten. Den Risotto mit Salz und Pfeffer abschmecken. Mit Feta-Würfeln, Kresse und Mandeln anrichten.

KÜCHENSTÜBCHEN

Ich heiße Sandra, bin Mama von drei kleinen Wirbelstürmen und lebe mit meiner Familie im schönen Schwabenland. Auf meinem Blog »Küchenstübchen« möchte ich anderen die leckeren Momente des Lebens schmackhaft machen. Mit einfachen, schnellen und leckeren Gerichten für die ganze Familie. Meine Rezepte sind eine Mischung aus Omas Küche, der jeweiligen Jahreszeit und saisonalen Lebensmitteln.

kuechenstuebchen.de   Kuechenstuebchen   kuechenstuebchen

Fertig in 15 Minuten – Schwierigkeitsgrad 1

GEBRATENER SPARGEL MIT TOMATEN UND BURRATA

Das perfekte leichte Spargelgericht an einem sonnigen Frühlingstag!

ZUTATEN FÜR 2 PERSONEN

200 g Cherrytomaten
500 g grüner Spargel
Öl zum Anbraten
Abrieb und Saft von 1 Bio-Zitrone
Gewürze nach Wahl
1 Burrata (100 g)
Basilikumblätter zum Garnieren

ZUBEREITUNG

1

Tomaten und Spargel waschen, die Tomaten halbieren. Den Spargel in einer Pfanne in Öl anbraten. Mit dem Zitronensaft ablöschen und die Tomaten zugeben. Nach Wahl würzen und alles ca. 5 Minuten anbraten.

2

Spargel und Tomaten auf Tellern anrichten. Die Burrata halbieren und darübergeben. Mit etwas Zitronenabrieb und Basilikum garnieren.

THEWEEKLYCOOKINGPLANER

Ich bin Bianca, eine richtige Foodloverin, und eine meiner größten Leidenschaften ist es, in meiner Küche zu Hause neue Rezepte zu kreieren und auszuprobieren. Dazu gehört für mich natürlich auch, die leckeren Gerichte anschließend bei einem gemeinsamen Essen mit meinem Mann, Familie oder Freunden zu genießen und neue kulinarische Erlebnisse zu sammeln. Was mir sonst noch besonders wichtig ist, sind die Regionalität und Nachhaltigkeit meiner Zutaten. All das teile ich gerne auf meinem Foodblog »theweeklycookingplaner« auf Instagram.

theweeklycookingplaner

Fertig in 10 Minuten – Schwierigkeitsgrad 1

VOLLKORNSPAGHETTI MIT ROTE-BETE-SAUCE

Super schnelle Spaghetti an einer leckeren und cremigen Rote-Bete-Sauce. Nur mit wenigen Arbeitsschritten und einfach gemacht!

ZUTATEN FÜR 2 PERSONEN

180–200 g Vollkornspaghetti
1 kleines Stück Knoblauch
180 g gekochte Rote Bete
70 g süße Sahne (normal oder pflanzlich)
50 g Scamorza
30 g Parmesan
1 TL Olivenöl
1 TL Pinienkerne + etwas mehr für die Garnitur

ZUBEREITUNG

1
Die Spaghetti nach Packungsanweisung al dente kochen.

2
Den Knoblauch schälen und mit den restlichen Zutaten (außer den Nudeln) zu einer Sauce pürieren. Die Sauce in einem Topf kurz erwärmen.

3
Die Pasta abgießen, dabei etwas Kochwasser auffangen. Die Sauce mit den Spaghetti mischen, bei Bedarf etwas von dem Kochwasser hinzufügen.

4
Auf Tellern anrichten und mit Pinienkernen garnieren.

VALE'S FOOD BLOG

Ich bin Valentina von »Vale's Food Blog«. Kochen bzw. Backen bedeutet für mich Entspannung pur und gibt mir außerdem die Möglichkeit, meiner Fantasie freien Lauf zu lassen. Meine italienischen Wurzeln sorgen für mein Temperament – und meine Leidenschaft für die südländische Küche. Als Mama von zwei kleinen Kids ist bei mir oft viel los, daher schlage ich mich meistens mit schnellen und einfachen Gerichten durch, die aber trotzdem besonders und lecker sind: Auf meinen Blog findet man dazu tolle Rezepte für Frühstück, Desserts sowie Mittag- und Abendessen. Und außerdem die Vielfalt der Weltküche und kreative Köstlichkeiten aus Filmen und Serien.

valesfoodblog.ch 	valesfoodblog 	valesfoodblog

Fertig in 90 Minuten – Schwierigkeitsgrad 1

PASTA CON LE SARDE – PASTA MIT SARDINEN

Ein Klassiker der sizilianischen Küche mit kontrastreichen Zutaten, die aber perfekt miteinander harmonieren.

ZUTATEN FÜR 4 PERSONEN

1 EL Fenchelsamen
50 g Rosinen
50 g Mandeln
50 g Pinienkerne
Ca. 100 g Semmelbrösel
1 großzügige Prise Safranfäden
2 kleine Zwiebeln
Olivenöl zum Anschwitzen
4 in Olivenöl eingelegte Sardellenfilets
Ca. 500 g frische Sardinenfilets (oder TK)
Salz
Pfeffer
600 g Pasta (z. B. Spaghetti, Bucatini)
Fenchelgrün (optional) zum Bestreuen

ZUBEREITUNG

1

Fenchelsamen und Rosinen jeweils in kleinen Schälchen knapp mit Wasser bedecken und 1 Stunde stehen lassen. Mandeln und Pinienkerne ohne Fett in einer beschichten Pfanne bei mittlerer Temperatur leicht anrösten und dann beiseitestellen.

2

Semmelbrösel ebenfalls ohne Fett in einer beschichten Pfanne bei mittlerer Temperatur anrösten, bis sie goldbraun sind, und dann beiseitestellen.

3

Safranfäden in etwas heißem Wasser verrühren (z. B. in einer Espressotasse). Zwiebeln schälen und fein hacken. Reichlich Olivenöl in einer beschichten Pfanne bei mittlerer Temperatur erhitzen und die Zwiebeln darin glasig anschwitzen, ohne dass sie Farbe bekommen. Sardellenfilets zugeben und unter Rühren vollständig zerfallen lassen. Danach Fenchelsamen, Mandeln, Pinienkerne, Safran mit dem heißen Wasser und Sardinenfilets zugeben. So viel Wasser (z. B. von den eingeweichten Fenchelsamen) hinzufügen und vorsichtig vermischen, bis eine saucenartige Konsistenz entsteht. Die Sauce mit Salz und Pfeffer würzen und bei niedriger Temperatur 10 Minuten köcheln lassen, dabei bei Bedarf nach und nach etwas mehr Wasser zugeben.

4

Währenddessen die Pasta in reichlich Salzwasser nach Packungsanweisung al dente kochen, dann abgießen, dabei etwas Kochwasser auffangen. Die Pasta zur Sauce geben, alles gut vermischen und bei Bedarf etwas von dem Kochwasser hinzufügen, bis die Mischung eine lockere Konsistenz hat. Die Pasta con le Sarde auf Teller anrichten, mit den beiseitegestellten Semmelbröseln, optional mit etwas Fenchelgrün bestreuen und sofort servieren.

DER SIZILIANISCHE KOCH

Ich bin Antonio aus Düsseldorf und habe sizilianische Wurzeln. Aus deutscher Sicht wird die sizilianische Küche selten als eigenständig wahrgenommen. Mit meinem Blog möchte ich das ändern und teile daher authentische sizilianische Rezepte, die unsere jahrhundertealten Traditionen respektieren. Ich bin kein gelernter Koch, dennoch ist der Name meines Blogs »Der sizilianische Koch« (ital: il cuoco siciliano) nicht einfach so gewählt: Il cuoco sicilano ist der Name eines der ersten Kochbücher der Welt, verfasst im antiken Syrakus im 5. Jahrhundert vor Christus. Eine Zutat ist außerdem in jedem meiner Gerichte dabei: amuri (sizilianisch für »Liebe«)!

dersizilianischekoch.de 🅞 dersizilianischekoch 🅕 Der Sizilianische Koch

Fertig in ca. 90 Minuten – Schwierigkeitsgrad 3

FAGOTTINI MIT GARNELENFÜLLUNG AUF CONFIERTEN VANILLE-CHERRYTOMATEN

Diese Fagottini sind wie … einmal Venedig und zurück!

ZUTATEN FÜR 2 PERSONEN

Teig
100 g Mehl (tipo 00)
1 Ei
2 TL Nero di Sepia (Sepiatinte)

Füllung
130 g rote Garnelen
40 g süße Sahne
Salz
Frisch gemahlener Pfeffer
Olivenöl

Außerdem
400 g Cherrytomaten
Mark von ½ Vanilleschote
2 EL Olivenöl

ZUBEREITUNG

1

Für den Teig das Mehl auf eine Arbeitsfläche sieben. Eine Mulde in dem Mehl formen, das Ei darin aufschlagen, die Sepiatinte zugeben und verquirlen. Den Teig 10 Minuten kneten, bis er eine homogene, glatte Oberfläche hat. Dann 30 Minuten ruhen lassen.

2

Für die Füllung die Garnelen klein schneiden und kurz in ein wenig Olivenöl anbraten. Mit 40 g Sahne zu einer glatten Creme pürieren und mit Salz und Pfeffer abschmecken.

3

Den Teig ausrollen (für gefüllte Pasta wie hier kann man das auch gut mit einer Maschine machen) und mit einem Pastarad in Quadrate von 5 x 5 cm schneiden. Je ca. 1 TL Garnelencreme auf den Quadraten verteilen. Die jeweils zwei gegenüberliegenden Teigecken zusammendrücken, die langen aneinanderliegenden Seiten ebenfalls gut zusammendrücken, sodass kleine Hütchen entstehen.

4

Die Tomaten waschen, putzen und halbieren. Das Vanillemark mit dem Olivenöl vermischen und über die Tomaten geben. Die Tomaten in einer Auflaufform im Backofen bei 100 °C Ober-/Unterhitze 90 Minuten garen.

5

Die Fagottini in kochendem Salzwasser 2 Minuten ziehen lassen. Dann abgießen, zu den confierten Tomaten geben und vermischen. Auf Teller verteilen und servieren.

PIAS DELI

Ich bin Pia, Ärztin, lebe, esse und koche in Hamburg. Wann immer möglich, reise ich, entdecke und genieße mit allen Sinnen fremde Länder und Kulturen, ob mit dem Rucksack durch Asien, auf den Kilimandscharo oder auf dem Motorrad durch Italien. Meine große Liebe aber gehört Kapstadt. In meiner Freizeit bin ich leidenschaftliche Esserin und Hobbyköchin. Ich esse (fast) alles und probiere gerne Neues aus. Die Küche ist einfach mein Rückzugsort. Die Idee für meinen Blog »Pias Deli« entstand durch den Wunsch nach einem Archiv für meine Rezepte und um meine Leidenschaft für Essen und ausgewogene Ernährung zu teilen.

piasdeli.de piasdeli piasdeli

Fertig in 120 Minuten – Schwierigkeitsgrad 1

BÄRLAUCH-SPINAT-TARTE MIT WILDLACHS

Er ist einer der ersten kulinarischen Vorboten, die der Frühling ins Rennen schickt: der Bärlauch. Dessen Erntezeit ist verhältnismäßig kurz und muss entsprechend ausgiebig genutzt werden. Also schnell eine Tarte damit gezaubert, dann noch ein Glas Weißwein und ein paar Sonnenstrahlen dazu, und der Tag ist perfekt.

ZUTATEN FÜR 4 PERSONEN

Teig
250 g Weizenmehl (Type 405) + mehr
für die Arbeitsfläche
1 TL Salz
125 g Butter + mehr für die Form
1 Eigelb (Größe M)

Füllung
3 Eier (Größe M)
250 g Schmand
50 g junger Spinat
50 g Bärlauch (1 Bund)
Salz
Pfeffer

Belag
6 Wachteleier
200 g Wildlachs, in Scheiben
Spinatblätter oder essbare Blüten
zum Garnieren

ZUBEREITUNG

1

Für den Teig Mehl und Salz in einer Schüssel mischen. Die Butter in kleine Stücke schneiden. Eigelb, 4 EL Wasser und die Butter zugeben. Alles zu einem glatten Teig verkneten, in Frischhaltefolie wickeln und 1 Stunde kalt stellen.

2

Anschließend den Backofen auf 180 °C Umluft vorheizen. Den Teig auf einer bemehlten Arbeitsfläche ausrollen. In eine gefettete Form legen und festdrücken, dabei einen Rand von ca. 2 cm hochziehen. Den Boden mehrmals mit einer Gabel einstechen und im Ofen ca. 10–15 Minuten vorbacken.

3

Dann für die Füllung die Eier kurz aufschlagen und mit dem Schmand gut verrühren. Spinat und Bärlauch waschen und in einem Blitzhacker klein hacken. Mit der Ei-Schmand-Masse verrühren und mit Salz und Pfeffer würzen. Die noch recht flüssige Mischung auf den vorgebackenen Boden gießen. Die Temperatur auf 160 °C reduzieren und die Tarte im Ofen ca. 25 Minuten backen. Anschließend aus dem Ofen nehmen und abkühlen lassen.

4

Währenddessen für den Belag die Wachteleier in einem kleinen Topf in 7 Minuten hart kochen. Die Tarte mit dem Lachs und Spinatblättern garnieren. Die Wachteleier pellen, halbieren, ebenfalls daraufgeben und die Tarte servieren.

SAVORYLENS

Essen, Reisen und Fotografie sind unsere große Leidenschaft, die wir gerne mit unseren Lesern auf »SavoryLens«, unserem Food- und Travelblog, teilen. Dort veröffentlichen wir seit 2016 Kulinarisches aus aller Welt sowie informative Reiseberichte. Dahinter stehen wir – Gaby und Christian –, seit über zehn Jahren verheiratet und irgendwo zwischen New York, London und Frankfurt daheim. Wir möchten unsere Leser mit unseren Bildern und Gerichten für andere Länder und Kulturen begeistern und fremde Köstlichkeiten auf heimische Teller bringen. Aber auch die regionale und saisonale Küche kommt bei uns nicht zu kurz!

savorylens.com ⓘ savorylens ⓕ savorylens

Fertig in 50 Minuten – Schwierigkeitsgrad 1

BÄRLAUCHRISOTTO MIT GARNELEN UND GRÜNEM SPARGEL

Die schönsten Aromen des Frühlings treffen sich in einem cremigen Risotto mit Bärlauch, grünem Spargel und Garnelen.

ZUTATEN FÜR 2 PERSONEN

1 kleine Zwiebel
1 Bund Bärlauch (ca. 130 g)
200 g grüner Spargel
10 Garnelen, geschält, entdarmt
600 ml Gemüsebrühe
20 g Butter
160 g Risottoreis (Arborio)
120 ml trockener Weißwein
60 g TK-Erbsen
Salz
Pfeffer
1 EL Pflanzenöl

Zum Servieren
Parmesan, gerieben

ZUBEREITUNG

1

Die Zwiebel schälen und fein würfeln. Den Bärlauch waschen, Stiele kürzen und den Rest in Streifen schneiden. Den Spargel waschen, trockene Enden kürzen und den Spargel in mundgerechte Stücke schneiden. Die Garnelen trocken tupfen.

2

Die Gemüsebrühe in einem Topf erhitzen und bei niedriger Temperatur warm halten. Die Butter in einem Topf oder einer tiefen Pfanne schmelzen. Die Zwiebeln darin glasig andünsten. Den Reis zugeben und kurz mit anschwitzen. Mit dem Weißwein ablöschen. Den Reis köcheln lassen, bis er die Flüssigkeit aufgesogen hat.

3

Dann die Brühe mit einer Schöpfkelle angießen, bis der Reis damit bedeckt ist. Unter häufigem Rühren weiterköcheln lassen, bis er die Flüssigkeit aufgesogen hat. Danach erneut Brühe nachgießen und den Vorgang wiederholen, bis der gesamte Reis etwas mehr als bissfest ist (nach ca. 20 Minuten). Ca. 5 Minuten vor Ende der Reis-Garzeit die Erbsen und den Bärlauch unterrühren. Den Bärlauch etwas zusammenfallen lassen. Zuletzt mit Salz und Pfeffer abschmecken.

4

Während der Reis fertig zieht, das Öl in einer Pfanne erhitzen. Den Spargel darin anbraten. Dann mit Salz und Pfeffer würzen und unter den Reis heben. In derselben Pfanne die Garnelen kurz, ca. 1 Minute pro Seite, scharf anbraten. Den Risotto mit den Garnelen auf Tellern anrichten und mit etwas Parmesan bestreut servieren.

SAVVY & SWEETS

Ich bin Dana – Mama, Zuckerjunkie, Teilzeitvegetarierin, Frequent Traveller & Landei. Auf meinem Blog »Savvy & Sweets« dreht sich alles um die leckeren Seiten des Lebens. In meiner kleinen Küche nördlich von Hamburg experimentiere, probiere und genieße ich, gemeinsam mit meiner Familie, alles von A wie Aufstrich bis Z wie Zabaione. „Savvy", weil ich dir hoffentlich mit guten Tipps und Kniffen weiterhelfen kann, und „Sweets", weil ich besonders gerne nasche. Ich blogge seit 2020 und lasse dich an meinen Lieblingsrezepten teilhaben: mal süß und verführerisch, mal herzhaft und fix gemacht.

savvyandsweets.com savvyandsweets savvyandsweets

Fertig in 25 Minuten – Schwierigkeitsgrad 1

TAGLIATELLE MIT LACHS IN CREMIGER LIMETTENSAUCE

**Pasta mit Lachs mal anders:
in cremig-spritziger Limettensauce mit Zuckerschoten und Chili.**

ZUTATEN FÜR 3 PERSONEN

1 Schalotte
½ rote Chilischote
1 Bund Schnittlauch
150 g Zuckerschoten
320 g TK-Lachsfilet (alternativ frisch), aufgetaut
Salz
Pfeffer
Olivenöl zum Anbraten
Butter zum Anbraten
Abrieb und Saft von 1 Bio-Limette
150 g Crème fraîche
Zucker zum Abschmecken
250 g Tagliatelle aus dem Kühlregal
(alternativ getrocknete Pasta)

ZUBEREITUNG

1

Schalotte schälen, eine Hälfte in sehr feine Scheiben schneiden, die andere fein würfeln. Chili waschen, putzen und fein würfeln. Schnittlauch waschen und in feine Röllchen schneiden. Zuckerschoten waschen und in Streifen (2–3 Teile pro Schote) schneiden.

2

Die Lachsfilets trocken tupfen und von beiden Seiten salzen und pfeffern. Lachs in einer Pfanne in einem guten Schuss Olivenöl bei mittlerer bis hoher Temperatur von jeder Seite ca. 4 Minuten anbraten.

3

In der Zwischenzeit etwas Butter in einem kleinen Topf erhitzen und die Schalottenwürfel darin andünsten. Limettenabrieb zugeben und unter Rühren ca. 2–3 Minuten mit andünsten. Dann alles mit dem Limettensaft ablöschen. Die Crème fraîche einrühren. Die Schnittlauchröllchen hinzufügen, unter Rühren kurz erwärmen, mit Salz, Pfeffer und Zucker abschmecken und den Topf vom Herd nehmen.

4

Die Lachsfilets auf einem Teller auf Küchenpapier abtropfen lassen. Die Pfanne vom Herd nehmen und kurz etwas abkühlen lassen. Die Temperatur reduzieren, die Pfanne zurück auf den Herd stellen und die Schalottenscheiben und die Chiliwürfel darin unter Rühren 1 Minute andünsten. Die Zuckerschoten zugeben und unter Rühren ca. 2–3 Minuten mit andünsten.

5

Währenddessen die Tagliatelle nach Packungsanweisung garen. Anschließend abgießen, in eine Schüssel oder auf eine Servierplatte geben. Das Gemüse aus der Pfanne darüber verteilen, den Lachs sofort in Stücke zupfen und auf der Pasta verteilen. Zuletzt die Sauce über die Pasta geben und alles servieren.

STILETTOS & SPROUTS

Ich bin Katja und kreiere seit 2015 auf meinem Blog »Stilettos & Sprouts« leckere Rezepte. Ich habe wahnsinnig gerne Gäste und treffe mich regelmäßig mit meinen Freundinnen zum Mädelsabend, wo geschlemmt und gelacht wird. Daher spielt Unkompliziertes eine große Rolle auf meinem Blog, einfache, schnelle Küche, gesund und lecker, und es geht lustig zu und nicht zu ernst. Das liegt sicher an meinen rheinländischen Wurzeln, auch wenn ich seit vielen Jahren bereits im schönen Odenwald in Hessen lebe. Spaß und gutes Essen gehören für mich nämlich genauso zusammen wie Pommes und Mayo.

stilettosandsprouts.de   stilettosandsprouts   stilettosandsprouts

Fertig in 65 Minuten – Schwierigkeitsgrad 1

LIMETTENREIS MIT GARNELEN UND TERIYAKI-GEMÜSE

Heute nehme ich dich mit auf eine kulinarische Asia-Reise. Frisches Gemüse mit einer leichten Säure bringt euch eine wunderbare Geschmacksexplosion!

ZUTATEN FÜR 2 PERSONEN

2 Karotten
1 Paprikaschote
3 kleine Pak Choi
1 Frühlingszwiebel
1 Knoblauchzehe
150 g Jasminreis
Salz
3 g Bio-Limettenschalenraspel
200 g Garnelen
25 ml Sojasauce
50 ml Teriyaki-Sauce
1 EL Sesamsamen

ZUBEREITUNG

1
Das Gemüse waschen und putzen. Karotten, Paprika und Pak Choi würfeln, Frühlingszwiebel in Ringe schneiden. Den Knoblauch schälen und klein schneiden.

2
Den Jasminreis in Salzwasser gar kochen. Abgießen und mit der Limettenschale vermischen.

3
Die Garnelen in einer Pfanne (ggf. mit Öl) anbraten, bis sie außen rosa und innen glasig sind.

4
In einer anderen Pfanne Paprika mit Karotten, Knoblauch und Frühlingszwiebeln 5 Minuten anbraten. Anschließend den Pak Choi zugeben und ca. 7 Minuten mit anbraten. Sojasauce und Teriyaki-Sauce mit 100 ml Wasser mischen und zu dem Gemüse geben. Alles zusammen kochen, bis die Sauce etwas eindickt.

5
Zum Schluss den Reis mit dem Gemüse und den Garnelen anrichten und etwas Sesam darüberstreuen.

ALL.ABOUT.VANY

Ich heiße Vanessa, bin 28 Jahre alt, Friseurin mit einem eigenen Salon in der Nähe von Mainz, und man könnte sagen: eine leidenschaftliche Hobbyköchin. Ich koche schon immer unheimlich gerne und probiere mich da täglich neu aus. Daher kann man auch auf meinem Instagram-Account »all.about.vany« immer wieder neue Rezepte sehen – und jederzeit nachkochen!

all.about.vany

Fertig in 40 Minuten – Schwierigkeitsgrad 1

INDISCHES CHICKEN-KORMA MIT ZUCCHINI

**Chicken-Korma mit Putenschnitzel und Zucchini.
Dazu passt am besten Reis – ein Kombi-Klassiker!**

ZUTATEN FÜR 4 PERSONEN

500 g Putenschnitzel
1 Zwiebel
1 Knoblauchzehe
1 kleine Zucchini
2 EL Olivenöl
Salz
4 fein gemahlene Gewürznelken
1 Msp. Kardamompulver
1 TL getrockneter Koriander
¼ TL gemahlener Piment
1 ½ TL gemahlener Kreuzkümmel
1 TL Kurkumapulver
½ TL Chiliflocken
2 EL fein geriebener Ingwer (mit einer Reibe
gerieben)
1 EL Tomatenmark
200 ml Gemüsebrühe
200 g süße Sahne
Pfeffer aus der Mühle

ZUBEREITUNG

1

Die Putenschnitzel waschen, mit Küchenpapier trocken tupfen und in Streifen schneiden. Die Zwiebel schälen und klein würfeln. Den Knoblauch schälen. Die Zucchini waschen, putzen und in Scheiben schneiden, diese ggf. halbieren.

2

Das Olivenöl in einer beschichteten Pfanne erhitzen und die Zwiebeln mit dem Knoblauch bei niedriger Temperatur andünsten. Das Putenfleisch hinzufügen, mit Salz würzen und die Temperatur etwas erhöhen. Alle Gewürze mit dem Ingwer zur Fleischmasse geben und gut vermengen.

3

Das Tomatenmark unterrühren und die Knoblauchzehe herausnehmen. Zuerst die Gemüsebrühe dazugießen, dann die Sahne. Die Zucchinischeiben hinzufügen und alles gut vermischen. Das Chicken-Korma bei niedriger Temperatur etwas einkochen lassen, bis es sämig wird und etwas eindickt. Mit Salz und Pfeffer abschmecken und sofort heiß servieren.

DIE KÜCHENLOUNGE

Die »Küchenlounge«, das bin ich, Jutta. Ich lebe mit meiner Familie im schönen Schwabenland, und wir lieben gutes Essen. Die offene Küche unseres Hauses ist das Herzstück, der Mittelpunkt und Treffpunkt für uns. Man findet gemeinsam Zeit, über die Dinge des Tages zu reden, das Erlebte zum Ausdruck zu bringen, zu diskutieren und zu lachen und manchmal auch traurig zu sein. Für die Rezepte aus dieser Küche verzichte ich auf künstliche Zusätze und Aromen – und trotzdem sind sie ganz schnell und einfach zuzubereiten!

diekuechenlounge.de diekuechenlounge

Fertig in 45 Minuten – Schwierigkeitsgrad 2

LOW-CARB-ZUCCHININUDELN MIT HÜHNCHEN UND OFENTOMATEN

Ein leichtes Sommergericht mit Gemüsenudeln aus Zucchini mit Basilikumpesto, saftigem Hühnchen und aromatischen Ofentomaten.

ZUTATEN FÜR 2 PERSONEN

Pesto
2 Handvoll Basilikum (ca. 50 g)
1 Knoblauchzehe
35 g Pinienkerne
70 ml Olivenöl
Salz
Pfeffer
15 g Parmesan

Hühnchen
2 EL Olivenöl
½ TL getrockneter Oregano
Salz
Pfeffer
2 Hühnerbrüste ohne Haut

Ofentomaten
250 g Cherrytomaten
Olivenöl zum Beträufeln
1 TL Zucker
Salz
Pfeffer

Nudeln
2 mittelgroße Zucchini
Olivenöl zum Andünsten
Salz
Pfeffer

ZUBEREITUNG

1
Für das Pesto das Basilikum waschen und grob zerkleinern. Den Knoblauch schälen und grob hacken. Die Pinienkerne in einer beschichteten Pfanne ohne Fett rösten, bis sie etwas Farbe angenommen haben. Alle vorbereiteten Zutaten mit dem Olivenöl in ein hohes Mixgefäß geben und mit dem Pürierstab zu einem Pesto verarbeiten. Mit Salz und Pfeffer abschmecken, den Parmesan reiben und unterrühren.

2
Für die Hühnchen eine Marinade aus Olivenöl, Oregano, Salz und Pfeffer anrühren. Das Fleisch darin wenden und bis zur Weiterverwendung zum Marinieren beiseitestellen.

3
Für die Ofentomaten den Backofen auf 200 °C Umluft vorheizen. Die Cherrytomaten waschen und in eine Auflaufform geben. Mit Olivenöl beträufeln und mit Zucker bestreuen. Mit Salz und Pfeffer würzen. Die Tomaten im Ofen ca. 10–15 Minuten backen.

4
In der Zwischenzeit für die Nudeln die Zucchini waschen, von den Enden befreien und mit einem Spiralschneider oder einem Sparschäler in Nudelform bringen. Die Nudeln in einer Pfanne in etwas Olivenöl wenige Minuten andünsten, sodass sie zwar leicht garen, aber noch bissfest und knackig bleiben. Mit Salz und Pfeffer würzen.

5
Eine Pfanne erhitzen und die Hühnerbrüste darin beidseitig bei mittlerer Temperatur braten, bis sie durchgegart, aber innen noch saftig sind. Dann herausnehmen und schräg in Scheiben schneiden.

6
Sobald alle Komponenten fertig sind, die Nudeln mit dem Pesto vermischen und auf Tellern anrichten. Die Hühnerbrüste sowie die Tomaten daraufgeben und servieren.

KRAUT & KORIANDER

Ich heiße Manuela, lebe in Österreich und präsentiere auf meinem Foodblog »Kraut & Koriander« einen bunten Mix an Rezepten für eine gesunde und ausgewogene Ernährung. Auch weil ich selbst von Nahrungsmittelintoleranzen betroffen bin, liegt der Schwerpunkt dabei auf verträglichen, alltagstauglichen Gerichten für Menschen mit besonderen Ernährungsansprüchen. Ob glutenfrei, histamin- und fruktosearm oder milch- und eifrei, besonders wichtig ist es mir, zu zeigen, dass jeder die Möglichkeit hat, ohne viel Aufwand mit frischen, saisonalen Zutaten zu kochen und dabei seine Unverträglichkeiten zu berücksichtigen. Denn Genuss und Freude am Essen dürfen trotz dieser Einschränkungen nicht zu kurz kommen.

krautundkoriander.at ✦ kraut_koriander ✦ krautundkoriander

Fertig in 20 Minuten – Schwierigkeitsgrad 1

SPAGHETTI MIT PARMESAN-BROTBRÖSEL

**Parmesan und Brotbrösel hört sich doch genial an.
Und dann auch noch in Verbindung mit Pasta ...**

ZUTATEN FÜR 2 PERSONEN

2 Scheiben getoastetes Toastbrot vom Vortag
20 g Butter
50 g frisch geriebener Parmesan
400 g Spaghetti
150 g Speck (am besten aus der Wursttheke, der
ist feiner geschnitten)
Öl zum Anbraten (optional)
1 Zwiebel
300 g TK-Erbsen
Salz
Pfeffer
Ca. 200 ml Rama Cremefine (7 % Fett)

ZUBEREITUNG

1

Das Toastbrot zerzupfen und in einer Pfanne in der Butter rösten. Anschließend herausnehmen und abkühlen lassen. Dann mit dem Parmesan mischen.

2

Die Spaghetti nach Packungsanweisung kochen. Den Speck optional in ganz wenig Öl oder ohne Fett knusprig braten. Die Zwiebel schälen und würfeln. Mit den Erbsen zugeben und ca. 5 Minuten mitbraten. Dann salzen und pfeffern; dabei mit dem Salz sparsam umgehen, falls der Speck salzig ist. Zuletzt Cremefine unterrühren.

3

Die Spaghetti abgießen und sofort (sie können ruhig noch nicht ganz abgetropft sein) unter das Speck-Erbsen-Gemüse mischen. Anrichten, mit den Parmesan-Brotbröseln toppen und servieren.

MAMI KOCHT FÜR UNS

Ich bin Sabine und lebe mit meiner Familie da, wo andere Urlaub machen: im schönen Schwarzwald. Neben meinem Beruf und Social Media liebe ich den Sport in unserer Natur und das Reisen. Da ich, ja kaum zu glauben, nicht wirklich gerne koche, habe ich mir angewöhnt, schnelle, unkomplizierte Gerichte zuzubereiten. Diese sollen familientauglich und doch manchmal etwas Besonderes sein. Das auf Social Media zu veröffentlichen war die Idee meiner Kinder; sie haben mich dazu überredet, und meine Tochter hatte damals »mamikochtfueruns« angelegt. Aus dieser für mich damals verrückten Idee wurde dann ziemlich schnell ein Hobby.

mamikochtfueruns.de 🔘 mamikochtfueruns

Fertig in 55 Minuten – Schwierigkeitsgrad 1

SCHWEINEFLEISCH SÜSSSAUER

Lust auf chinesisches Essen, das nicht nur lecker, sondern auch einfach zuzubereiten ist? Ein beliebter Klassiker auf der ganzen Welt: Schweinefleisch süßsauer. Ohne Ketchup, ohne viel Drumherum, aber mit jeder Menge Geschmack.

ZUTATEN FÜR 2 PERSONEN

Schweinefleisch
500 g Schweinefilet
20 g Ingwer
2 EL Sojasauce
2 EL Reiswein
Pfeffer

Sauce
1 Frühlingszwiebel
4 Knoblauchzehen
3 EL Pflanzenöl
75 g Tomatenmark
3 EL Apfelessig
6 EL Zucker
75 ml Reiswein
3 EL Sojasauce
1 EL Speisestärke
1 EL Sesamsamen

Panade
2 Eier
80 g Speisestärke
1 EL Pflanzenöl

Außerdem
Pflanzenöl zum Frittieren oder Frittieröl
250 g Basmati- oder Jasminreis
Meersalz

ZUBEREITUNG

1
Für das Schweinefleisch das Filet von Sehnen und Fett befreien, dann das Filet in fingerdicke Scheiben schneiden, aufeinanderstapeln und in fingerbreite längliche Stücke schneiden. Ingwer schälen und reiben. Filetstückchen mit Ingwer in eine Schüssel geben. Sojasauce, Reiswein und Pfeffer zugeben, vermischen und zum Ziehen beiseitestellen. Für die Sauce Frühlingszwiebel waschen, putzen und in sehr feine Ringe schneiden. Knoblauch schälen und sehr fein hacken. Beides beiseitestellen.

2
Für die Panade die Eier miteinander verquirlen. Die Speisestärke zugeben und alles mit dem Pflanzenöl zu einer cremigen Masse verrühren. Anschließend die bereits marinierten Filetstückchen durch die Panade ziehen, sodass diese gut bedeckt sind.

3
Eine Wokpfanne erhitzen und so viel Pflanzenöl hineingeben, dass die Fleischstücke später vollständig damit bedeckt sind. Die Fleischstücke einzeln mit einer Zange aus der Schüssel nehmen und portionsweise im heißen Öl frittieren, dabei darauf achten, nicht zu viele auf einmal hineinzugeben, da sie sonst zusammenkleben. Die Fleischstücke sind fertig, sobald sie goldgelb sind. Dann herausnehmen und auf einer Platte auf Küchenpapier abtropfen lassen. Alle panierten Stücke ausbacken.

4
Den Reis gar kochen: Reis, 500 ml Wasser und etwas Meersalz in einen Topf geben und gut aufkochen lassen. Dann sofort die Temperatur reduzieren und den Reis 10–15 Minuten „quellen" lassen, bis er die Flüssigkeit vollständig aufgenommen hat.

5
Sobald alle Fleischstücke ausgebacken sind, das Öl abgießen und die Wokpfanne stark erhitzen. Das Pflanzenöl für die Sauce hineingeben und den beiseitegestellten Knoblauch und das Tomatenmark darin kurz anbraten. Essig mit Zucker verrühren und zugeben (am besten für Durchluft sorgen, da der Essig beim Erhitzen stark riecht). Ca. 2 Minuten köcheln lassen, dann die Temperatur etwas reduzieren. Mit Reiswein und Sojasauce ablöschen. Die Speisestärke mit 150 ml Wasser verrühren und untermischen. Die Sauce ca. 5 Minuten bei niedriger Temperatur köcheln lassen.

6
Anschließend die Wokpfanne vom Herd nehmen. Die Fleischstücke, Sesam sowie die beiseitegestellten Frühlingszwiebelringe zugeben. So vermischen, dass alle Fleischstücke mariniert sind, sie sollten dabei nicht zu lange hin und her geschwenkt werden, da sie sonst zu weich werden. Das Fleisch mit dem Reis servieren.

RESIPIS
Wir sind Maria und Perry aus Bietigheim-Bissingen, verheiratet, haben zwei Kinder und führen den Blog »Resipis«. Maria war von klein auf vom Kochen begeistert, besonders von Omas Garten in Griechenland voller Gemüse, Kräuter und davon, was man damit alles Leckeres machen konnte. Durch die Nähe zum Meer hat sie früh gelernt, wie man Fisch und Meeresfrüchte richtig zubereitet. Perry durfte schon als Kleinkind Zeit mit den Großeltern auf Maisfeldern, im Weinkeller und der Orangenplantage in Portugal verbringen sowie bei der Ernte helfen. Durch die Tierhaltung dort – Geflügel, Schweine, Kühe – hat er früh den respektvollen Umgang bei der Aufzucht sowie dem Schlachten miterleben können.

resipis.de ⬡ resipis_ ⬡ resipis_schnelle_rezepte

Fertig in 75 Minuten – Schwierigkeitsgrad 2

TÜRKISCHE PIDE

Pide mit zweierlei Füllung: würziges Hackfleisch sowie Spinat mit Schafskäse, eine perfekte Mischung!

ZUTATEN FÜR 2 PERSONEN

Teig
1 kg Mehl (Type 405) + mehr
für die Arbeitsfläche
1 EL Salz
10 g frische Hefe

Hackfleischfüllung
1 Zwiebel
1 Knoblauchzehe
2 Tomaten
1 Paprikaschote
300 g Rinderhackfleisch
Olivenöl zum Anbraten
2 EL scharfes Paprikamark
150 g passierte Tomaten
½ TL gemahlener Kreuzkümmel
½ TL Paprikapulver
Salz
Pfeffer

Spinatfüllung
500 g Spinat
1 Zwiebel
1 Knoblauchzehe
Olivenöl zum Andünsten
Salz
Pfeffer
1 TL Zitronensaft
200 g Schafskäse oder Feta

Außerdem
1 Ei
2 EL Schwarzkümmel

ZUBEREITUNG

1

Für den Teig Mehl und Salz in eine Schüssel geben und vermischen. 620 ml Wasser hinzufügen und die Hefe hineinbröckeln. Mit dem Knethaken des Rührgeräts 5 Minuten auf höchster Stufe zu einem glatten Teig verkneten. Den Teig in eine verschließbare Schüssel geben und über Nacht in den Kühlschrank stellen.

2

Für die Hackfleischfüllung Zwiebel und Knoblauch schälen und fein würfeln. Frische Tomaten vierteln, putzen, entkernen und würfeln. Die Paprika ebenfalls vierteln, putzen und würfeln. Hackfleisch in einer Pfanne in etwas Olivenöl scharf anbraten. Gemüse hinzufügen und 5 Minuten mitbraten. Paprikamark, passierte Tomaten und Gewürze hinzufügen. Die Füllung bei mittlerer Temperatur 10 Minuten köcheln lassen, bis sie gut angedickt ist. Anschließend abkühlen lassen.

3

Für die Spinatfüllung den Spinat waschen. Zwiebel und Knoblauch schälen und fein würfeln. Beides mit dem Spinat in einer Pfanne in etwas Olivenöl andünsten, bis der Spinat zusammengefallen ist. Die Füllung mit Salz, Pfeffer und Zitronensaft abschmecken und 5 Minuten ziehen lassen. Anschließend abkühlen lassen.

4

Den Backofen auf 220 °C Ober-/Unterhitze vorheizen (die Pide später am besten auf einem Pizzastein backen; alternativ ein Backblech mit vorheizen). Den Teig in 16 Portionen teilen. Auf einer leicht bemehlten Arbeitsfläche zu gleichmäßigen Ovalen ausrollen. Jeweils 8 davon mit der Hackfleischmasse und der Spinatmasse füllen, dabei ca. 2 cm Teigrand auf beiden Seiten frei lassen. Den Schafskäse über den Spinat-Pide zerbröseln. Die Ränder aller 16 Pide zur Mitte hin umklappen, sodass nur noch ein schmaler Streifen Füllung zu sehen ist. Die Spitzen an beiden Enden fest zusammendrücken, damit die typische Schiffchenform entsteht.

5

Das Ei in einer Schüssel gut verquirlen und die Pide damit einstreichen. Den Schwarzkümmel darauf verteilen und die Pide im Ofen in ca. 15 Minuten goldgelb backen. Dann die Pide warm oder kalt servieren.

SCHLEMMERKATZE

Ich heiße Katharina (Cat) und bin 41 Jahre alt. Im echten Leben bin ich Polizeibeamtin – und im Netz blogge ich seit 2014 als »Schlemmerkatze«. Dabei schlägt mein Herz vor allem für Pasta und für meine neue Leidenschaft: das Brotbacken. Ich liebe es, mit frischen Lebensmitteln zu kochen, und freue mich, andere Menschen mit leckerem Essen glücklich zu machen. Und die Rezepte mit meiner Leserschaft zu teilen!

schlemmerkatze.de schlemmerkatze Schlemmerkatze

Fertig in 15 Minuten – Schwierigkeitsgrad 1

ITALIENISCHER SPAGHETTISALAT

Pastasalat mit Oliven, Salami, Tomaten und Parmesan und einem leichten Dressing – genau das Richtige für den Sommer!

ZUTATEN FÜR 3 PERSONEN

300 g Spaghetti
1 rote Zwiebel
½ Salatgurke
1 rote Paprikaschote
100 g Salami
85 g in Scheiben geschnittene schwarze Oliven
350 g Cherrytomaten
1 Knoblauchzehe
80 ml Olivenöl
Saft von ½ Zitrone
1 EL weißer Balsamicoessig
1 Prise Zucker
Salz
Pfeffer
25 g Parmesan, fein gerieben

ZUBEREITUNG

1

Die Spaghetti in der Länge in 3 Teile brechen und nach Packungsanweisung kochen.

2

In der Zwischenzeit die Zwiebel schälen und in feine Ringe schneiden. Gurke und Paprika waschen, die Gurke vom wässrigen Inneren befreien, die Paprika putzen und beides grob würfeln. Die Salami mundgerecht würfeln. Die Oliven gut abtropfen lassen. Die Cherrytomaten waschen und halbieren. Alles in eine Salatschüssel füllen.

3

Den Knoblauch schälen und fein hacken. Olivenöl, Zitronensaft, Essig und Knoblauch in ein Glas geben und gründlich zu einem Dressing verrühren. Mit Zucker, Salz und Pfeffer abschmecken.

4

Die fertigen Spaghetti abgießen, unter fließendem kalten Wasser sehr gut abspülen und abtropfen lassen. In die Salatschüssel geben. Das Dressing hinzufügen und alles gut vermengen. Zuletzt den Parmesan unterheben. Den Salat abgedeckt ca. 30 Minuten ziehen lassen und dann servieren.

STILETTOS & SPROUTS

Ich bin Katja und kreiere seit 2015 auf meinem Blog »Stilettos & Sprouts« leckere Rezepte. Ich habe wahnsinnig gerne Gäste und treffe mich regelmäßig mit meinen Freundinnen zum Mädelsabend, wo geschlemmt und gelacht wird. Daher spielt Unkompliziertes eine große Rolle auf meinem Blog, einfache, schnelle Küche, gesund und lecker, und es geht lustig zu und nicht zu ernst. Das liegt sicher an meinen rheinländischen Wurzeln, auch wenn ich seit vielen Jahren bereits im schönen Odenwald in Hessen lebe. Spaß und gutes Essen gehören für mich nämlich genauso zusammen wie Pommes und Mayo.

stilettosandsprouts.de stilettosandsprouts stilettosandsprouts

Fertig in 80 Minuten – Schwierigkeitsgrad 2

RINDERBÄCKCHEN MIT ANGEBRATENEN GNOCCHI

Rinderbäckchen in geschmorter Variante mit angebratenen Gnocchi: ein wunderbares Gericht aus dem Instant Pot – der manchmal viel zu lange ungenutzt ist.

ZUTATEN FÜR 4 PERSONEN

1 kg Rinderbäckchen
Senf zum Bestreichen
1 rote Zwiebel
2 Knoblauchzehen
5 Karotten
1 EL Tomatenmark
2 TL geräuchertes Paprikapulver
300 ml halbtrockener Rotwein
500 ml Rinderbrühe
Salz
1 Pk. Gnocchi (ca. 300 g)
Butterschmalz zum Anbraten
Pfeffer
3 Stängel Petersilie
3 Lorbeerblätter

ZUBEREITUNG

1

Die Rinderbäckchen parieren und rundum mit Senf bestreichen. Zwiebel, Knoblauch sowie Karotten schälen und grob würfeln.

2

Den Instant Pot auf die höchste Stufe von „Sauté" schalten. Sobald die Temperatur erreicht ist, die Rinderbäckchen hineingeben und mit etwas Butterschmalz rundherum scharf anbraten. Dann Zwiebeln, Knoblauch und Karotten hinzufügen. Tomatenmark und Paprikapulver zugeben und kurz mit anrösten. Anschließend alles mit dem Rotwein und der Rinderbrühe ablöschen, die Lorbeerblätter hinzugeben und den Deckel fest schließen. Den Instant Pot auf „Meat" schalten, ebenfalls in der höchsten Stufe, und die Zeit auf 45 Minuten stellen.

3

15 Minuten vor Ende der Garzeit Wasser in einem großen Topf zum Kochen bringen. Etwas Salz und die Gnocchi hineingeben. Die Gnocchi so lange köcheln lassen, bis sie an der Oberfläche schwimmen, dann herausheben. Eine Pfanne erhitzen, Butterschmalz hineingeben, und sobald das Butterschmalz heiß ist, die Gnocchi darin scharf anbraten. Zuletzt mit Salz und Pfeffer würzen.

4

Während die Gnocchi anbraten, das Ventil des Instant Pot auf „Ablüften" stellen. Sobald sich der Schwimmer abgesenkt hat, den Deckel öffnen. Das Fleisch kurz beiseitestellen und mit Alufolie abdecken. Die Bratflüssigkeit mit dem Pürierstab fein zu einer Sauce pürieren, bei Bedarf mit Speisestärke andicken. Anschließend das Fleisch in die Sauce geben. Die Petersilie waschen, hacken, unter die Gnocchi heben und diese mit dem Fleisch servieren.

TIPP

Alternativ zum Instant Pot kann man das Fleisch auch in einem Bräter anbraten und bei 160 °C Ober-/ Unterhitze für ca. 90 Minuten in den Backofen geben.

TB FOOD & DRINK

Mein Name ist Tobias, und ich bin der Kopf hinter dem Blog »TB Food & Drink«. Ich bin ein passionierter Hobbykoch, der eigentlich nie der typische Rezeptkoch war. Aber wie so oft wird man dann gefragt, was in einem Gericht, das man kredenzt hat, drinsteckt oder wie die Zubereitung funktioniert, und so war mein Blog geboren. Bei mir findet man alles Mögliche an Rezepten aus den verschiedensten Bereichen, egal ob Vorspeisen, Hauptgerichte, Nachtisch oder Snacks. Und weil meine zweite Leidenschaft neben dem Kochen das Thema Whisky ist, gibt es außerdem Rezepte, Empfehlungen und Wissen auch dazu.

tbfooddrink.de ⬚ tbfooddrink ⬚ tbfooddrink

Fertig in 60 Minuten – Schwierigkeitsgrad 1

GENIALE WURSTPASTA: PASTAGLÜCK AUS DER PFANNE

**Wurstpasta ist eine geniale Kombination und kocht sich fast von allein –
mit meinem Rezept mit Salsiccia, Zwiebeln, Rosmarin, Rotwein und Parmesan.**

ZUTATEN FÜR 4 PERSONEN

3 größere rote Zwiebeln
1 TL Butter
1 TL Olivenöl
4 Salsiccia-Würste (ca. 300 g)
1 großer Zweig Rosmarin
100 g Parmesan
800 g Tomaten (2 Dosen)
300 ml Rotwein
Chilipulver zum Würzen (optional)
400 g Pasta (z. B. Penne, Orecchiette)
Salz
2 TL Crème double
Pfeffer

ZUBEREITUNG

1

Die Zwiebeln schälen, halbieren und in Ringe schneiden. Die Butter in einer großen Pfanne schmelzen und mit dem Öl vermischen. Die Zwiebeln darin bei mittlerer Temperatur anbraten und mindestens 15 Minuten schmoren lassen, dabei immer wieder umrühren.

2

Anschließend die Würste häuten, jede in 5 Stücke schneiden und 10 Minuten mit anbraten, dabei immer wieder wenden.

3

Dann den Rosmarin waschen. Den Parmesan reiben und falls vorhanden die Rinde beiseitestellen. Tomaten und Rotwein zu der Zwiebel-Wurst-Mischung geben. Den Rosmarinzweig hinzufügen. Alles optional mit Chili würzen und ggf. Parmesanrinde zugeben. Die Sauce bei niedriger Temperatur 20–35 Minuten (nach Wunsch auch länger) köcheln lassen.

4

20 Minuten vor Ende der Saucen-Kochzeit die Pasta in Salzwasser nach Packungsanweisung gar kochen. Die Sauce mit Salz und Pfeffer abschmecken. Die Crème double einrühren. ⅔ des Parmesans zugeben. Die Pasta abgießen und unter die Sauce mischen, bis sich beides gut verbunden hat. Dann Rosmarin und ggf. Parmesanrinde entfernen. Die Wurstpasta mit dem restlichen Parmesan bestreuen und servieren.

ÜBERSEE-MÄDCHEN

Ich heiße Isabelle und zeige auf meinem Blog »ÜberSee-Mädchen.de« vor allem einfache Rezepte für leckeres Essen. Meine Kochkarriere begann mit der Sehnsucht nach Heimatküche, wie etwa Grießklößchensuppe oder schwäbische Wurstspätzle. Seitdem habe ich viele Stunden in der Küche verbracht und allerlei Köstlichkeiten ausprobiert – vom Klassiker bis zum Trend-Food. Die besten Rezepte veröffentliche ich dann auf meinem Blog. Dort gibt es Inspiration vom Frühstück bis zum Abendessen, und auch für Naschkatzen ist gesorgt.

uebersee-maedchen.de   uebersee.maedchen

Dieses Rezept
findest du auf
S. 145.

DESSERTS

Hand aufs Herz: Hin und wieder überkommt einen diese drängende Lust auf Süßes. Sei es die Belohnung
nach einem harten Tag, ein herrliches Stück Kuchen am Sonntag zum Kaffee oder auch einfach nur so
zwischendurch. Ob die Geburtstagstorte zu festlichen Anlässen oder schlicht und einfach ein Heißhungermoment –
ab und zu braucht es eine süße Leckerei. Toll, dass einige Süßigkeiten inzwischen sogar gänzlich
ohne Zucker auskommen. Und doch: Hin und wieder muss man sich eben auch mal was gönnen.

Fertig in 25 Minuten – Schwierigkeitsgrad 1

JOHANNISBEER-STREUSEL-TALER

Selbst gemachte leckere lockere Hefeteigtaler mit Johannisbeeren und Streusel, da kauft man garantiert keine mehr beim Bäcker.

ZUTATEN FÜR 8 TALER

Teig
7 g frische Hefe
130 g lauwarme Milch
350 g Weizenmehl (Type 550) + mehr
für die Arbeitsfläche
50 g weiche Butter
100 g Zucker
1 Ei
1 TL Vanilleextrakt
1 Prise Salz
60 g Lievito Madre (Sauerteig)

Belag
200–250 g rote Johannisbeeren
150 g Weizenmehl (Type 550)
100 g Butter
30 g Zucker
1 Pk. Vanillezucker

Zuckerguss
70 g Puderzucker

ZUBEREITUNG

1
Für den Teig die Hefe in der Milch auflösen. Mit den restlichen Zutaten in die Schüssel der Küchenmaschine geben und 3–5 Minuten auf Stufe 1 zu einem Teig verkneten. Den Teig abgedeckt 1 ½–2 Stunden gehen lassen; sein Volumen sollte sich in dieser Zeit verdoppeln.

2
Den Backofen auf 175 °C Heißluft vorheizen. Den Teig auf eine bemehlte Arbeitsfläche geben. 8 Teiglinge abstechen und rund wirken. Die Teiglinge auf 2 mit Backpapier ausgelegte Backbleche legen und flach zu Fladen drücken.

3
Für den Belag die Beeren waschen. Die Fladen damit belegen. Mehl, Butter, Zucker und Vanillezucker in eine Schüssel geben, vermengen und zu Streuseln zerbröseln. Die Streusel über die Johannisbeeren verteilen.

4
Für den Zuckerguss Puderzucker und 4 TL Wasser in eine Schüssel geben und verrühren. Mit einem Löffel über die Streuseltaler geben und die Taler servieren.

BACKMAEDCHEN 1967

Ich heiße Britta, komme aus Nordrhein-Westfalen, bin gelernte Bürokauffrau und backe leidenschaftlich gerne. Backen ist für mich Entspannung pur, dabei probiere ich mich hauptsächlich bei Brot und Brötchen aus, aber auch bei süßem Gebäck wie Kuchen, Muffins und Co. Das alles findet man auf »Backmaedchen 1967«. Wichtig ist für mich dabei, meinen Lesern mit einfachen Rezepten zu zeigen, dass es nicht schwierig ist, sein eigenes Brot, Brötchen oder süßes Gebäck zu backen. Viele meiner Rezepte kann man außerdem ganz leicht abwandeln und so selbst kreativ werden.

backmaedchen1967.de backmaedchen1967 Backmaedchen 1967

Fertig in 55 Minuten – Schwierigkeitsgrad 1

PASTÉIS DE NATA

**Portugiesisches Puddinggebäck mit Blätterteig,
bestäubt mit Zimtpulver oder Puderzucker – super lecker!**

ZUTATEN FÜR 1 MUFFINBLECH

1 Ei
2 Eigelb
110 g Zucker
1 Pk. Bourbon-Vanillezucker
1 TL Vanilleextrakt oder Mark
von 1 Vanilleschote
30 g Speisestärke
400 ml frische Vollmilch
1 Pk. Blätterteig
Weiche Butter zum Bestreichen und
für das Blech

ZUBEREITUNG

1

Ei, Eigelb, Zucker, Bourbon-Vanillezucker und Vanilleextrakt mit dem Schneebesen in einem Topf verrühren. Die Speisestärke klümpchenfrei einrühren. Die Milch langsam zugeben, dabei gut mit dem Schneebesen oder dem Handmixer einrühren. Die Masse bei mittlerer Temperatur erhitzen, bis sie Blasen wirft und zu Puddingkonsistenz eindickt. Dann den Pudding sofort in eine Glasschüssel geben und mit Frischhaltefolie abdecken, dabei die Folie auf den Pudding drücken, damit sich keine Haut bildet.

2

Den Blätterteig ausrollen und in der Mitte senkrecht durchschneiden. Die linke Hälfte dünn mit etwas Butter bestreichen, die rechte Hälfte daraufklappen und leicht andrücken. Von der unteren, kurzen Seite den Teig eng aufrollen und die Rolle in 12 Scheiben schneiden. Jede Scheibe mit dem Handballen oder mit einem Nudelholz zu einem kreisförmigen Fladen mit 9 cm Durchmesser flach drücken bzw. ausrollen.

3

Den Backofen auf 200 °C Ober-/Unterhitze vorheizen. Die Mulden des Muffinblechs gut mit Butter fetten. Die Teigfladen in die Mulden setzen und gut an den Boden und den Seiten andrücken. Den Pudding kurz glatt rühren und ca. 1,5–2 EL davon in jede Mulde geben. Das Gebäck im Ofen auf der unteren Schiene 20 Minuten backen. Danach auf der mittleren Schiene 5 Minuten weiterbacken, damit die typischen Brandflecken entstehen, und dann servieren.

CAKE AND COFFEE STORIES

Ich bin Julia, 27 Jahre alt und liebe es über alles, meine Familie und Freunde mit meinen Leckereien zu verwöhnen. Backen war zunächst nur ein kleines Hobby, hat sich nun aber zu meiner großen Leidenschaft entwickelt. Mit der Zeit habe ich auch angefangen, meine eigenen Backkreationen zu fotografieren und diese auf meinem Social-Media-Account »cakeandcoffeestories« auf Instagram zu teilen. Alle meine Rezeptideen habe ich außerdem in meinem ersten eigenen Buch festgehalten. Schau gerne auf meinem Instagram-Account vorbei für weitere Köstlichkeiten!

🄾 _cakeandcoffeestories

Fertig in 35 Minuten – Schwierigkeitsgrad 1

KLASSISCHE PFARRFEST-WAFFELN

Jeder kennt sie, jeder liebt sie – die klassische Pfarrfest-Waffel. Waffeln sind bei mir eine süße Kindheitserinnerung und, obwohl sie so schnell zubereitet sind, immer etwas Besonderes.

ZUTATEN FÜR 18–20 WAFFELN

250 g Butter
175 g möglichst feiner Zucker
2 EL Vanillezucker
1 TL Vanilleextrakt
1 Prise Vanillesalz
6 Eier
500 g Dinkelmehl
1 Pk. Backpulver
500 ml Milch

Zum Anrichten
Puderzucker (optional)

ZUBEREITUNG

1

Butter mit Zucker, Vanillezucker, Vanilleextrakt und Vanillesalz schaumig rühren. Die Eier einzeln zugeben und gut unterrühren. Mehl und Backpulver löffelweise zur Eier-Butter-Masse geben. Zuletzt die Milch langsam schluckweise unterrühren.

2

Sofort darin ausbacken (der Teig muss nicht ruhen). Anschließend die Waffeln auf ein Kuchengitter legen, optional sofort dick mit Puderzucker bestäuben und lauwarm servieren.

JULIA'S SWEET BAKERY

Ich bin Julia. Mama, Ehefrau, Berufstätige, Koch-/Back- und Deko-Verrückte. Seit 2013 möchte ich gerne andere mit meinem Foodblog »Julia's Sweet Bakery« ein wenig inspirieren. Ich möchte zeigen, dass Backen kein Hexenwerk ist, und versuche oft in Schritt-für-Schritt-Bildern, meine Leserschaft bei der Entstehung eines neuen Rezeptes mitzunehmen. Ich versuche, für sie jede Woche ein neues Gericht zu kreieren – alles wird von mir selbst gekocht oder gebacken. Und ich freue mich auch immer über neue Freundschaften, die über den Blog entstehen, denn gemeinsam macht es am meisten Spaß. Besuche mich also gerne dort in meiner Backstube!

juliassweetbakery.blogspot.com   julias_sweet_bakery   juliassweetbakery

Fertig in 90 Minuten (ohne Kühlzeit) – Schwierigkeitsgrad 1

MINI-CHEESECAKES IM SOMMERLOOK MIT FRISCHEN ERDBEEREN

Die Mini-Cheesecakes werden ganz einfach im Muffinblech gebacken. Mit frischen Erdbeeren und Schokodekor werden sie zum hübschen Hingucker auf der Kaffeetafel.

ZUTATEN FÜR 12 MINI-CHEESECAKES

100 g Butterkekse
2 Eier
70 g Zucker
325 g Magerquark
175 g Frischkäse
100 ml Milch
1 EL Milchmädchen-Creme
1 Pk. Vanillezucker
10 g Mehl

Zum Anrichten
12 Erdbeeren
Schoko-Ornamente

ZUBEREITUNG

1

Den Backofen auf 180 °C Ober-/Unterhitze vorheizen. Papierbackförmchen in eine Muffinform legen.

2

Kekse zerkleinern, in die Förmchen verteilen und mit dem Boden eines Glases festdrücken. Alle übrigen Zutaten in eine Rührschüssel geben und mit dem Schneebesen glatt rühren. Die Masse auf die Keksböden verteilen.

3

Die Muffinform auf dem Rost im unteren Drittel in den Backofen geben, die Temperatur auf 120 °C reduzieren und die Muffins ca. 1 Stunde backen. Anschließend auf einem Kuchengitter abkühlen lassen.

4

Zum Anrichten die Erdbeeren waschen, trocken tupfen, putzen und in Scheiben schneiden. Die Cheesecakes fächerartig mit den Scheiben belegen, mit Schoko-Ornamenten garnieren und gut gekühlt servieren.

KATRINS BACKBLOG

Ich heiße Katrin und lebe im schönen Erzgebirge. Backen ist mein Hobby, und es gibt kaum ein Wochenende, an dem ich nicht meiner Leidenschaft nachgehe. Ich mag Klassiker wie Gugelhupf und Käsekuchen, probiere aber auch immer wieder neue Rezepte aus und werde z.B. bei Törtchen gerne selbst kreativ. Inspiration finde ich in Backbüchern, Zeitschriften und im Internet. Oft werde ich gefragt: Wer isst das denn alles? Die Antwort ist: Kein Problem, denn ich verwende meist kleine Backformen oder halbiere Rezepte. Über die so entstandenen Törtchen, Kuchen und Co. darf sich dann die Familie und die Leserschaft meines Blogs »Katrins Backblog« freuen.

katrinsbackblog.com katrins_backblog

Fertig in 16 Minuten – Schwierigkeitsgrad 1

SCONES AUF POLNISCHE ART MIT KONFITÜRE

Du denkst, das sind super fluffige, leckere und süße Taschen, die mit Marmelade gefüllt sind? Da liegst du zwar richtig, aber es geht noch besser. Denn die Taschen bestehen aus vorgekochten Kartoffeln, die man oft vom Mittagessen übrig hat. Reste verwerten und gut naschen ist angesagt.

ZUTATEN FÜR ca. 40 STÜCK

300 g gekochte Kartoffeln
(am besten Reste vom Mittagessen)
400 g Mehl + mehr für die Arbeitsfläche
100 g Zucker
1 Pk. Vanillezucker
100 g weiche Butter oder Margarine
2 Eier
1 Pk. Backpulver

Außerdem
Konfitüre oder Gelee nach Wahl
Puderzucker zum Bestäuben

ZUBEREITUNG

1

Die gekochten und abgekühlten Kartoffeln durchpressen oder mit einem Stampfer zu Püree verarbeiten. Die restlichen Zutaten hinzufügen und mit den Händen zu einem Teig kneten. Den Teig auf einer bemehlten Arbeitsfläche breit ausrollen.

2

Den Ofen auf 160 °C (Ober-/Unterhitze) vorheizen. Mit einem Glas Kreise aus dem Teig ausstechen. Die Kreise mit der Konfitüre bestreichen und dann zusammenklappen. Die Ränder zuerst mit den Händen und anschließend vorsichtig mit einer Gabel fest andrücken.

3

Die Scones im Ofen bei 160 °C (Ober-/Unterhitze) 15–20 Minuten backen, bis sie eine schöne Bräune haben. Noch lauwarm mit dem Puderzucker bestäuben und servieren.

SILVISIBEL

Ich bin Silvi, 48 Jahre alt und backe und koche für mein Leben gerne. Diese Leidenschaft prägt mich schon, seitdem ich ein kleines Mädchen bin. Ich freue mich darauf, meine Back- und Kochkreationen ins richtige Licht zu rücken und die Rezepte auf meinem Instagram-Account, den ich 2018 erstellt habe, mit anderen zu teilen. Ich liebe diese Momente, in denen mein Ofen in Betrieb ist und das ganze Haus nach frisch gebackenem Kuchen und Gebäck duftet. Durch den Foodblog hat sich auch meine Leidenschaft zur Fotografie vertieft. Habe ich dich inspiriert? Dann schau doch gerne vorbei auf »silvisibel«.

silvisibel

Fertig in 35 Minuten – Schwierigkeitsgrad 1

SCHOKOLADEN-CRUFFINS

Wenn du dich zwischen Croissant und Muffin nicht entscheiden kannst, muss es vielleicht ein Cruffin werden. Diese weichen Blätterteigteile sind gefüllt mit Schokolade und getoppt mit einer fluffigen Sahnecreme. Das Highlight auf jeder Kaffeetafel.

ZUTATEN FÜR 6 CRUFFINS

Teig
1 Rolle veganer Blätterteig
3–4 EL vegane Schokocreme
50 g gemahlene oder fein gehackte Haselnüsse

Creme
100 g vegane Sahne
1 TL Puderzucker
1 EL Kakaopulver + mehr zum Bestäuben
2 EL veganer Mascarpone

Außerdem
Pflanzenöl (z. B. Sonnenblumenöl) für die Form
Gehackte Pistazien zum Bestreuen

ZUBEREITUNG

1
Für den Teig den Blätterteig ausrollen und mit der Schokocreme bestreichen. Die Nüsse darauf verteilen. Den Teig längs aufrollen und die Rolle einmal längs halbieren. Die halbierte Rolle dann noch mal in 3 Teile schneiden. Die Teigstränge zu Schnecken aufrollen.

2
Den Backofen auf 180 °C (Ober-/Unterhitze) vorheizen. Muffinformen mit Öl bepinseln, die Schnecken hineinsetzen und im Ofen 20 Minuten backen, bis sie goldgelb sind.

3
Für die Creme die Sahne steif schlagen. Puderzucker und Kakaopulver einrieseln lassen. Den Mascarpone langsam unterrühren. Die Creme in einen Spritzbeutel füllen und auf die Cruffins geben. Die Cruffins mit Pistazien bestreuen, mit etwas Kakaopulver bestäuben und servieren.

WHAT INA LOVES

Ich bin Ina, 35, aus dem schönen Freiburg im Süden von Deutschland und bin Foodie mit Herz und Seele. Auf meinem Blog »whatinaloves« findest du viele fleischfreie Rezepte – von A wie Apfelkuchen bis Z wie Zimtschnecken ist alles dabei. Neben vielen süßen und herzhaften Rezepten bekommst du auch eine Ladung Freiburgliebe, Rezepte mit Blick #überdenTellerrand und kleine DIY-Ideen für den Alltag.

whatinaloves.com ⓘ whatinaloves Ⓟ whatinaloves

Fertig in 10 Minuten – Schwierigkeitsgrad 1

WEISSE SCHOKOLADENCREME

Easy-peasy-Rezept für einen leckeren Nachtisch mit wenig Zutaten, der sich am besten einen Tag vorher zubereiten lässt.

ZUTATEN FÜR 4 PORTIONEN

150 g weiße Schokolade
250 g süße Sahne
Etwas Vanillepaste (optional)

Zum Anrichten
Erdbeeren
Pistazien

ZUBEREITUNG

1

Die Schokolade fein hacken. Mit 75 g Sahne über dem Wasserbad schmelzen und dann abkühlen lassen, dabei gelegentlich mit dem Schneebesen verrühren.

2

Die restliche Sahne optional mit der Vanillepaste steif schlagen und vorsichtig unter die Schokoladenmasse heben.

3

Die Creme sofort zum Servieren in Gläser füllen oder in einem luftdichten Behälter über Nacht kalt stellen. Mit Erdbeeren und Pistazien garniert anrichten.

MINT & OH LA LA

Ich bin Esther. Seit 1997 stehe ich ohne Muttis Hilfe als Türsteher vor dem Backofen, mein tatkräftiger Einsatz führt nach wie vor zu einem apokalyptischen Chaos – doch eine Leidenschaft lässt sich bekanntlich nicht dosieren. Von dem Wagemut, der mich überfällt, sobald ich in die Kochhandschuhe schlüpfe, profitieren meine Freunde am meisten, die sich zu gerne als »Vorkoster« anbieten. Neben süßen Kreationen landet (fast zu) oft Pasta in allen möglichen Varianten auf dem Esstisch, weil ich tief im Herzen – da bin ich mir inzwischen fast sicher – Italienerin bin. Nachzulesen sind diese und andere Rezepte auf meinem Blog »Mint & Oh La La«.

mintandohlala.com ⭘ mintandohlala 🅿 mintandohlala

137

Fertig in 45 Minuten (ohne Kühlzeit) – Schwierigkeitsgrad 3

GEEISTE SCHWARZWÄLDER-KIRSCH-KUPPELN

Diese Kuppeln sind eine Eiskreation der ganz anderen Art.

ZUTATEN FÜR 4 KUPPELN (à 7 CM DURCHMESSER)

Biskuitboden
1 Ei
25 g Zucker
1 TL Vanillezucker
45 g Mehl
1 TL Backpulver
5 g Backkakao

Creme
200 g süße Sahne
1 Pk. Sahnesteif
1 Pk. Vanillezucker
350 g Sauerkirschen (oder auch Schatten-morellen) inkl. Saft, 175 g Abtropfgewicht

Außerdem
Silikonbackform für Kuppeln
Schokostreusel zum Bestreuen
150 g Zartbitterkuvertüre

ZUBEREITUNG

1

Für den Biskuitboden das Ei trennen. Eiweiß steif schlagen, Zucker und Vanillezucker hineinrie-seln lassen. Eigelb vorsichtig unterziehen. Mehl, Backpulver und Backkakao unterheben. Den Teig auf ein mit Backpapier ausgelegtes Blech ca. 1 cm dick auftragen (so großflächig verstreichen, dass später 4 Kreise ausgestochen werden kön-nen). Den Biskuitboden bei 170 °C Ober-/Unter-hitze 8 Minuten backen, Stäbchenprobe machen.

2

Für die Creme Sahne mit Sahnesteif steif schla-gen. Den Vanillezucker zugeben. ⅓ der Sahne-masse mit 1–2 EL Sauerkirschsaft verrühren. Die übrigen ⅔ der Sahne in die 4 Kuppeln der Sili-konform füllen und glatt streichen. Je 3 Sauerkir-schen in die Mitte drücken und mit Schokostreu-seln bestreuen. Die Kirschsahne darauf verteilen, dabei darauf achten, dass ca. 1 cm zum Rand (später für den Biskuitboden) frei bleibt. Die Kuppeln für ca. 1 Stunde in den Gefrierschrank stellen.

3

Aus dem Biskuitboden 4 Kreise stechen. Die Kuppeln aus dem Gefrierschrank nehmen und den Boden vorsichtig daraufdrücken. Erneut für ca. 20 Minuten in den Gefrierschrank stellen.

4

Die Zartbitterkuvertüre über dem Wasserbad schmelzen. Die Kuppeln vorsichtig aus der Form lösen. 1–2 EL der Schokolade in die Förmchen geben und die Kuppeln wieder hineindrücken, so entsteht ein schöner und glatter Schokoladen-überzug. Die Kuppeln bis zum Servieren in den Gefrierschrank stellen und 30 Minuten vor dem Verzehr zum Antauen aus den Formen lösen.

NASCHUNDHAUSGLUECK.TANJA

Mein Name ist Tanja, ich bin 25 Jahre alt und komme aus dem wunderschönen Niederbayern. Ich bin Hobbyfotografin, esse für mein Leben gerne Kuchen, und durch meinen Foodblog auf Instagram ist meine Liebe zum Backen und Kochen sogar noch größer geworden. Bei »naschundhausglueck.tanja« findet man einerseits einfache und schnelle, andererseits aufwendige und ausgefallene Kreationen. Ich kann mich nie stur an Rezepte halten und wandle sie immer nach meinem eigenen Geschmack ab. Daher bieten die Rezepte auf meinem Instagram-Blog auch stets tollen Spielraum für die eigenen Ideen und Kreationen meiner Leser.

naschundhausglueck.tanja naschundhausglück.tanja

Fertig in 10 Minuten – Schwierigkeitsgrad 1

HEIDELBEER-BUTTERMILCH-PANNACOTTA

Pannacotta ist ein tolles Dessert ohne viel Aufwand. Sie kann auch über Nacht im Kühlschrank fest werden und eignet sich somit ideal zum Vorbereiten. Die Buttermilch in dieser Pannacotta macht sie leichter und erfrischender.

ZUTATEN FÜR 4 PERSONEN

Pannacotta
50 g Heidelbeeren
3 Blätter Gelatine
150 g süße Sahne
350 ml Buttermilch
30 g Zucker
Mark von ½ Vanilleschote

Topping
150 g Heidelbeeren
15 g Zucker

ZUBEREITUNG

1

Für die Pannacotta die Heidelbeeren waschen und in einen Topf geben. 4 Gläser bereitstellen. Gelatine in kaltem Wasser nach Packungsanweisung einweichen. Sahne, Buttermilch, Zucker und Vanillemark zu den Heidelbeeren in den Topf geben und unter Rühren erhitzen, aber nicht kochen. Vom Herd nehmen, wenn gewünscht pürieren und die Gelatine einrühren, bis sie sich auflöst. Flüssigkeit (bei Bedarf durch ein Sieb) in die Gläser gießen. Die Masse zuerst auf Zimmertemperatur abkühlen lassen und anschließend für mindestens 4 Stunden (besser über Nacht) in den Kühlschrank stellen.

2

Für das Topping die Heidelbeeren waschen. Mit Zucker und 50 ml Wasser in einen Topf geben und unter Rühren aufkochen lassen. Dann durch ein Sieb streichen und abkühlen lassen (wer es nicht ganz so fein mag, muss die Masse nicht durch ein Sieb streichen). Das Topping ebenfalls in den Kühlschrank stellen.

3

Vor dem Servieren das Heidelbeertopping auf die Pannacotta geben.

HOMEMADE & BAKED

Ich bin Bettina und wohne im südlichsten Teil von Oberbayern. Seit 2011 schreibe ich auf meinem Blog »homemade & baked« über alles rund um den Genuss. Neben bunt gemischten Rezepten finden sich dort auch immer wieder Koch- und Backbuchrezensionen. Denn Kochen und Backen – und das am liebsten saisonal und regional mit frischen Zutaten – sind meine Leidenschaft. Und seit mein Sauerteig in unserem Kühlschrank schlummert, backe ich sogar unser Brot nur noch selbst.

homemade-baked.de　　homemadeandbaked　　homemadebaked

Fertig in 50 Minuten – Schwierigkeitsgrad 1

ZITRONEN-MINZ-GRANITA

Diese erfrischende Zitronen-Minz-Granita ist das perfekte Dessert für heiße Sommertage. Prima dazu: Zitronenwaffeln!

ZUTATEN FÜR 4 PERSONEN

50 g Zucker
15 g Minzblätter
75 ml Zitronensaft
Abrieb von 1 Bio-Zitrone (wer es gerne sauer mag, nimmt mehr)

ZUBEREITUNG

1

100 ml Wasser und den Zucker aufkochen. Die Mischung über die Minzblätter gießen und abgedeckt an einem kühlen Ort 24 Stunden ziehen lassen. Den so entstandenen Minzsirup durch ein Moltontuch abseihen (wer den Sirup konservieren möchte: kurz aufkochen, in sterile Flaschen füllen und fest verschließen).

2

Den Zitronensaft, 55 ml Wasser, den Minzsirup und Zitronenabrieb in einer gefriergeeigneten Schüssel mischen. Die Granita in den Gefrierschrank stellen und alle 30–60 Minuten mit der Gabel durchrühren, den Rührvorgang insgesamt 4 Mal wiederholen. Die Granita dann servieren.

KÜCHENTRAUM & PURZELBAUM

Mein Name ist Kathrina, ich bin 35 Jahre alt und ich liebe es, mit verschiedenen – hauptsächlich frischen und regionalen Zutaten – zu experimentieren und für Freunde und Familie zu backen und zu kochen. Diese Leidenschaft hat mich 2018 dazu inspiriert, meinen Blog »Küchentraum & Purzelbaum« zu gründen. Dort dreht sich alles um süße und herzhafte Rezepte mit und ohne Hefeteig. Dabei werden einerseits einfache, anfängertaugliche Gerichte vorgestellt, andererseits auch einige anspruchsvollere.

kuechentraumundpurzelbaum.de 🔘 kuechentraumundpurzelbaum ⓕ kuechentraumundpurzelbaum

Fertig in 15 Minuten – Schwierigkeitsgrad 1

VEGANE SCHWARZWÄLDER-KIRSCH-MOUSSE

Diese vegane Schwarzwälder-Kirsch-Mousse ist cremig, schokoladig und unglaublich lecker. Und noch dazu schnell und einfach gemacht mit vielen gesunden Zutaten.

ZUTATEN FÜR 4 PERSONEN

Mousse
400 ml Kokosmilch aus der Dose
120 g Datteln (entsteint)
50 g Kakaopulver
1 kleine Prise Salz
1 TL Kirschlikör (optional)

Creme
100 g Kokosjoghurt
150 g veganer Frischkäse (bei mir auf Mandelbasis)
1 TL Vanilleextrakt
30–40 g Erythrit oder andere Süße

Zum Anrichten
200 g Kirschen
2 EL Kakao-Nibs

ZUBEREITUNG

1

Alle Zutaten für die Mousse in einen Mixer geben und pürieren. Die Mousse in Gläser verteilen und kühl stellen.

2

Alle Zutaten für die Creme vermischen.

3

Zum Anrichten die Kirschen waschen und entkernen. 4 davon zum Garnieren beiseitestellen und den Rest klein schneiden. Die klein geschnittenen Kirschen auf die Gläser verteilen. Mit der Creme bedecken, mit je einer der beiseitegestellten Kirschen garnieren und mit den Kakao-Nibs bestreut servieren.

MARAS WUNDERLAND

Ich bin Mara, 1990er-Kind, aktuell Frankfurterin, aber noch immer verliebt in mein kleines Heimatdörfchen im Spessart. Und ich liebe das Backen. Es ist gemeinsam mit dem Fotografieren mein Hobby, das ich teilweise sogar zum Beruf machen konnte. Für mich ist es die größte Freude, neue Rezepte zu kreieren, das Ganze schön in Szene zu setzen und dann mit meiner Leserschaft auf meinem Blog »Maras Wunderland« zu teilen. Meine Kreationen sind meist schnell und einfach – und dazu auch immer gesund oder zumindest gesünder als „normal". Denn ich selbst lege großen Wert auf gesunde Ernährung. Außerdem sind auch viele vegane und glutenfreie Rezepte auf meinem Blog mit dabei.

maraswunderland.de maraswunderland maraswunderland

Fertig in 10 Minuten (ohne Kühlzeit) – Schwierigkeitsgrad 1

GRANITA DI LIMONE

Was wäre Italien ohne sein Eis? Unvorstellbar! Genauso unvorstellbar ist in Italien ein Sommer ohne herrlich erfrischende Granita. Der absolute Star darunter ist Granita di Limone. Granita kommt ursprünglich aus Sizilien und wird auch gerne zum Frühstück gegessen: Sie wird in ein Brioche gefüllt und mit einem Espresso gereicht. Wir lieben es, Granita aus dem Becher zu schlürfen und dabei durch die kleinen Gassen einer italienischen Altstadt zu bummeln. So schmeckt für uns Italien, der Sommer und La Dolce Vita!

ZUTATEN FÜR 8 PERSONEN

300 g Zucker
1 Prise Salz
500 ml Zitronensaft
Abrieb von 3 Bio-Zitronen

ZUBEREITUNG

1

Den Zucker mit 500 ml Wasser in einem Topf aufkochen, bis sich der Zucker aufgelöst hat. Das Salz, den Zitronensaft und -abrieb zugeben. Die Mischung abkühlen lassen.

2

Dann in eine Metall- oder Emailleform geben und für 1 Stunde in den Gefrierschrank stellen. Anschließend die Masse mit einer Gabel vermischen. Diesen Vorgang (Gefrieren und Vermischen) 3–4 Mal wiederholen, dabei mit der Gabel gründlich durch das Angefrorene kratzen, um Flocken und Kristalle zu erhalten.

3

Zuletzt die Granita mit Folie abdecken und bis zum Servieren einfrieren.

TIPP

Die Granita in ausgehöhlten und tiefgefrorenen Zitronenschalen anrichten.

MELLIMILLE

Ich bin Melanie und ich wohne mit meiner Familie in der Nähe von Frankfurt am Main. Kochen, Backen und Fotografieren sind meine Leidenschaft, und ich bin ein Fan von gelingsicheren Gerichten, die nicht aufwendig sind und nicht tausend verschiedene Zutaten benötigen. Seit 2012 teile ich meine Lieblingsrezepte dazu auf meinem Blog. Dort stelle ich auch gerne Kochbücher vor und feiere Feste, die über das ganze Jahr verteilt sind, wie z. B. Midsommar, Herbstfest, schwedische Weihnachtszeit, Silvester ect. ... Viel Spaß beim Stöbern und Ausprobieren!

mellimille.de mellimille.foodblog mellimille

Fertig in 19 Minuten – Schwierigkeitsgrad 1

ZWETSCHGENMARMELADE

**Die Zwetschgenmarmelade ist sehr leicht und schnell gemacht
und schmeckt einfach göttlich gut – so yummy.
Am liebsten esse ich sie auf ofenfrischen Brötchen.**

ZUTATEN FÜR 8 GLÄSER

1,5 kg Zwetschgen
1 Spitzer Zitronensaft
1 TL Zimtpulver
250 g brauner Gelierzucker 2:1

ZUBEREITUNG

1

Die Zwetschgen waschen, entsteinen, der Länge nach vierteln und in einen großen Topf geben. Zitronensaft, Zimt und Gelierzucker zugeben. Alles sehr gut vermischen und 1 Stunde ziehen lassen. Anschließend entweder mit dem Pürierstab pürieren oder stückig lassen.

2

Die Mischung unter ständigem Rühren langsam aufkochen, dann 4 Minuten sprudelnd kochen lassen. Für die Gelierprobe 1 TL Marmelade auf einen kleinen Teller geben. Wenn sie sofort geliert, die Marmelade direkt bis kurz unter den Rand in heiß ausgespülte Gläser füllen. Die Gläser verschließen und die Marmelade vor dem Servieren abkühlen lassen.

SONNTAGS IST KAFFEEZEIT

Ich heiße Tina-Maria und bin mit Leib und Seele Mama von drei Kids. Wir wohnen bei Aschaffenburg, aber mein Herz ist und bleibt in Würzburg, wo ich aufgewachsen bin. Mein Blog »Sonntags ist Kaffeezeit« begann 2012 aus einer Laune heraus. Ich habe »Julie & Julia« mit einer Freundin angeschaut und dachte: Hey, das kann ich auch! Ohne zu wissen, was ein Blog war oder wie man Rezepte schreibt oder Fotos macht, habe ich beschlossen, meine Liebe für Süßes und Lifestyle mit der Welt zu teilen. So wurde der Blog zu dem, was er heute ist: eine Rezeptseite, die manchmal herzhaft, oft süß ist und immer mit einem Teil meines Lebens bedient wird.

sonntagsistkaffeezeit.de sonntagsistkaffeezeit sonntagsistkaffeezeit

Fertig in 20 Minuten – Schwierigkeitsgrad 1

BUNTES ZUCKERGUSS-POPCORN

**Das Popcorn ist nicht nur lecker,
sondern auch noch ein großer Spaß in der Zubereitung.**

ZUTATEN FÜR 2–3 PERSONEN

100 g Popcorn-Mais (alternativ fertig
gekauftes neutrales Popcorn)
150 g Puderzucker
Lebensmittelfarben nach Wahl

ZUBEREITUNG

1

Aus dem Mais in der Popcornmaschine oder im Topf nach Packungsanweisung Popcorn zubereiten. Dann das Popcorn auf einem Blech verteilen und abkühlen lassen.

2

Währenddessen einen Zuckerguss anrühren, dazu den Puderzucker in eine Schüssel geben und nach und nach ca. 3 EL Wasser unterrühren (bei 150 g Puderzucker reichen oft schon exakt 3 EL Wasser aus, also lieber vorsichtig und mit Geduld bei der Wasserzugabe vorgehen, damit der Guss nicht zu dünn wird). Den Zuckerguss in kleine Schälchen aufteilen und mit Lebensmittelfarbe einfärben.

3

Den Zuckerguss mit einem Löffel über dem Popcorn verteilen. Das Popcorn ca. 1 Stunde trocknen lassen und dann servieren.

PRINZESSINNENSCHMARRN

Ich heiße Steffi, stamme aus dem Bayerischen Wald und wohne nun mit meiner Familie bei München. Ich koche und backe schon immer leidenschaftlich gerne, das haben mir wohl meine Omas bereits als Kind mitgegeben. Mit meinem Foodblog habe ich eine Möglichkeit gefunden, beruflich das zu tun, was ich liebe. Bei meinem »Prinzessinnenschmarrn« findest du einfache, aber raffinierte und vor allem leckere Rezepte für den Alltag … weil nicht nur ein Kaiser einen so leckeren Schmarrn verdient hat!

prinzessinnenschmarrn.de ⬡ prinzessinnenschmarrn ⓟ prinzessinnenschmarrn

Fertig in 5 Minuten (ohne Kühlzeit) – Schwierigkeitsgrad 1

GESUNDE KIRSCHEN-NICECREAM

Super easy, super schnell, super lecker und auch noch gesund, ganz ohne zusätzlichen Zucker. Diese Nicecream ist perfekt als Frühstück oder Snack zwischendurch – nicht nur im Sommer!

ZUTATEN FÜR 1 PERSON

120 g Kirschen
1 Banane
50 ml Vanille-Sojamilch

ZUBEREITUNG

1

Die Kirschen waschen und entkernen. Die Banane schälen und in Stücke schneiden.

2

Das Obst mind. 4 Stunden in den Tiefkühler legen.

3

Danach alle Zutaten in einen Mixer geben und pürieren. In einer Schale anrichten und servieren.

TIPP

Das Obst einfach auf Vorrat einfrieren, so kannst du immer wieder danach greifen, wenn du Lust auf ein leckeres Nicecream hast.

VALE'S FOOD BLOG

Ich bin Valentina von »Vale's Food Blog«. Kochen bzw. Backen bedeutet für mich Entspannung pur und gibt mir außerdem die Möglichkeit, meiner Fantasie freien Lauf zu lassen. Meine italienischen Wurzeln sorgen für mein Temperament – und meine Leidenschaft für die südländische Küche. Als Mama von zwei kleinen Kids ist bei mir oft viel los, daher schlage ich mich meistens mit schnellen und einfachen Gerichten durch, die aber trotzdem besonders und lecker sind: Auf meinen Blog findet man dazu tolle Rezepte für Frühstück, Desserts sowie Mittag- und Abendessen. Und außerdem die Vielfalt der Weltküche und kreative Köstlichkeiten aus Filmen und Serien.

valesfoodblog.ch ⬤ valesfoodblog ⬤ valesfoodblog

Fertig in 60 Minuten – Schwierigkeitsgrad 1

KAFFEE-KARAMELL-CHEESECAKE

Dieser Cheesecake ist die perfekte Fusion aus Karamell und Kaffeearoma. Der Keksboden, die cremige Füllung und das Topping aus Sahne, Keksen und einer säuerlichen Fruchtsauce machen ihn zum idealen Kaffeebegleiter.

ZUTATEN FÜR 1 SPRINGFORM (20–22 CM DURCHMESSER)

Kuchenboden
150 g Karamellkekse
75 g geschmolzene Butter
Salz

Creme
200 g Magerquark
200 g Crème légère
200 g Frischkäse (Rahmstufe)
75 ml starker Kaffee
25 ml Espressolikör (alternativ mehr Kaffee)
2 Eier (Größe M)
75 g brauner Zucker
Halbe, ausgekratzte Vanilleschote
2 TL Speisestärke
Salz

Zum Anrichten
200 g süße Sahne oder Sojasahne
Vanillepulver
Zucker
Kakaopulver
25 g Karamellkekse

ZUBEREITUNG

1

Den Backofen auf 180 °C Ober-/Unterhitze vorheizen. Die Zutaten für den Kuchenboden zu einem Teig vermischen. Den Teig auf dem Boden der mit Backpapier ausgelegten Springform festdrücken und im Ofen ca. 15 Minuten vorbacken.

2

Für die Creme Quark, Crème légère und Frischkäse aufschlagen. Die übrigen Zutaten zugeben und alles gründlich vermischen. Die Creme auf den vorgebackenen Boden geben und den Kuchen im Ofen 50 Minuten backen.

3

Danach den Ofen ausschalten und den Kuchen 15 Minuten im Ofen stehen lassen. Anschließend herausnehmen, weitere 15 Minuten abkühlen lassen und dann den Rand der Springform lösen. Den Kuchen vollständig abkühlen lassen (am besten schmeckt er, wenn er über Nacht ziehen konnte!).

4

Zum Anrichten die Sahne mit Vanille und Zucker steif schlagen und auf dem Kuchen verstreichen. Mit Kakaopulver bestäuben. Die Kekse zerbröseln und darauf verteilen.

TIPP

Wir haben aus ca. 250 g TK-Heidelbeeren, Zitronensaft und Zucker noch eine Sauce gemacht. Die Zutaten dafür einfach etwas köcheln lassen, pürieren und abgekühlt zum Kuchen servieren.

NORDMAHL

»Nordmahl«, das sind Barbara und Pauline, ein Mutter-Tochter-Gespann aus dem Norden, aber mit Kochtöpfen in der ganzen Welt. Wir kochen und backen schon lange gemeinsam und versetzen die Küche dabei nicht selten ins Chaos. Allerdings entstehen inmitten dieses Chaos die besten Kreationen, und wir bekamen irgendwann große Lust, diese mit anderen zu teilen. »Nordmahl« war geboren. Dort spielen neben den Rezepten auch gesunde Ernährung, das Experimentieren mit Alternativen zu Fleisch sowieso der regionalen wie saisonalen Küche eine große Rolle.

nordmahl.de ⓞ nordmahl

Fertig in 150 Minuten – Schwierigkeitsgrad 1

ERDBEER-RHABARBER-KÄSEKUCHEN MIT STREUSELN

Der Käsekuchen ist an sich schon super lecker, aber mit der fruchtigen Erdbeer-Rhabarber-Schicht und den knusprigen Streuseln einfach unschlagbar!

ZUTATEN FÜR 1 SPRINGFORM (20 CM DURCHMESSER)

Teig
100 g Mehl
50 g weiche Butter
1 Msp. Backpulver
40 g Zucker
5 g Vanillezucker

Füllung
2 Eier
100 g Quark (20 % Fett)
50 g Frischkäse
60 g Schmand
60 g Zucker
1 TL Speisestärke
1 TL Vanillepaste oder -extrakt

Fruchtschicht
150 g Erdbeeren
150 g Rhabarber
1 EL Zucker
1,5 EL Speisestärke

Streusel
60 g Butter
120 g Mehl

ZUBEREITUNG

1

Den Backofen auf 200° Ober-/Unterhitze vorheizen. Die Springform mit Backpapier auslegen. Die Zutaten für Teig mit 1,5 EL kaltem Wasser verkneten. Ca. ⅓ des Teigs zu einer Rolle formen. Den restlichen Teig in der Springform ausrollen. Die Teigrolle als Rand in der Form auslegen und an die Ränder drücken. Den Boden mit einer Gabel mehrfach einstechen und ca. 15 Minuten im Ofen vorbacken. Danach die Temperatur auf 180 °C reduzieren.

2

Für die Füllung die Eier trennen. Eiweiß steif schlagen. Eigelb, Quark, Frischkäse, Schmand und Zucker verrühren. Die Speisestärke gründlich unterrühren, dann die Vanillepaste. Zuletzt den Eischnee unterheben. Die Füllung auf dem vorgebackenen Boden verteilen und den Kuchen im Ofen 30 Minuten backen.

3

Währenddessen für die Fruchtschicht Erdbeeren und Rhabarber waschen, putzen und in Stückchen schneiden. Mit dem Zucker in einen Topf geben und weich kochen. Die Speisestärke mit 3 EL Wasser glatt rühren, zu den heißen Früchten geben und aufkochen.

4

Für die Streusel die Butter schmelzen. Mit Mehl und Zucker verkneten und zu Streuseln zerbröseln.

5

Den Kuchen kurz aus dem Ofen nehmen. Die Fruchtschicht darauf verteilen und mit den Streuseln bestreuen. Den Kuchen im Ofen weitere 30 Minuten backen. Danach abkühlen lassen und servieren.

CULIRENA

Ich heiße Verena, und mein Foodblog »culirena« ist noch relativ jung, es gibt ihn seit April 2019. Dort dreht sich alles um das Thema Backen. Von Keksen und Macarons über Cupcakes, Kuchen, feine Törtchen bis hin zu einfachen oder aufwendigeren Torten ist alles dabei. Zusätzlich werden in den Kategorien Frühstück und sonstige Leckereien weitere Ideen wie z. B. Granola, Eis, Marmelade oder Getränke gesammelt. Jede Woche kommen ein bis zwei Rezepte dazu, sodass sich bereits über 240 Rezepte angesammelt haben. Schau gerne vorbei, ich freue mich auf dich!

culirena.de   culirena   culirena

Fertig in 80 Minuten – Schwierigkeitsgrad 1

GIN-SCHOKOLADEN-GUGELHUPF MIT BROMBEEREN

**Saftiger Gugelhupf mit viel Schokolade,
einem Hauch Gin und fruchtigen Brombeeren.**

ZUTATEN FÜR 1 KLASSISCHE GUGELHUPFFORM

225 g zimmerwarme Butter + 10 g mehr
für die Form
40 g Kakaopulver + 3 EL mehr
für die Form
125 ml Gin
60 g geraspelte Zartbitterschokolade
250 g Muscovadozucker oder Rohrohrzucker
100 g Zucker
1 EL Vanillezucker
2 Eier (Größe M)
275 g Weizenmehl
½ Pk. Backpulver (7 g)
150 g TK-Brombeeren (unaufgetaut –
sonst wird es matschig)
2 EL Puderzucker zum Bestäuben

ZUBEREITUNG

1
Den Ofen auf 175 °C Ober-/Unterhitze vorheizen. Die Gugelhupfform gründlich mit Butter fetten und mit Kakaopulver ausstäuben. Überschüssiges Kakaopulver herausklopfen.

2
Den Gin in ein Töpfchen geben und vorsichtig erwärmen. Butter, Kakaopulver und geraspelte Schokolade zugeben und mit dem Schneebesen vermengen. Unter Rühren nur so stark erhitzen, dass Butter und Schokolade schmelzen und sich alles verbindet. Den Topf vom Herd nehmen und die Masse in eine große Schüssel geben. Muscovadozucker (oder Rohrzucker), Zucker und Vanillezucker hinzufügen und so lange rühren, bis sich beides vollständig aufgelöst hat. Die Masse etwas abkühlen lassen. Die Eier mit dem Handrührgerät 2 Minuten aufschlagen. Die abgekühlte Schokoladen-Butter-Mischung in dünnem Strahl langsam zu den Eiern gießen und auf niedrigster Stufe einrühren.

3
Mehl und Backpulver auf die Mischung sieben und ebenfalls auf niedrigster Stufe in den Teig einarbeiten, dabei nur so lange rühren, bis alles ausreichend vermengt ist. Die Hälfte des Teigs in die Gugelhupfform geben. Die Hälfte der gefrorenen Brombeeren darauf verteilen. Den restlichen Teig einfüllen und die übrigen Brombeeren darauf verteilen.

4
Den Kuchen im Ofen auf der mittleren Schiene ca. 1 Stunde backen, Stäbchenprobe machen (bitte hier unbedingt auf die Gegebenheiten des Ofens achten und ein Auge auf den Kuchen haben, da jeder Ofen anders backt). Anschließend den Kuchen aus der Form stürzen und vollständig abkühlen lassen (wer das noch aushalten kann/will). Dann den Gugelhupf mit Puderzucker bestäuben und servieren (wir haben ihn lauwarm gerade noch mit etwas Puderzucker bestäubt und gleich verschlungen).

TIPP
Das Ginaroma kommt nur sehr zart durch und ist nicht der Hauptakteur. Wer ein starkes Ginaroma möchte, der kann den Gugelhupf zusätzlich nach dem Auskühlen noch einmal mit Gin tränken. Für uns war er aber so perfekt.

EVCHENKOCHT

Mein Name ist Eva, ich bin 35 Jahre alt und lebe in der schönen Pfalz, wo Wein und Mandeln wachsen. Meine große Leidenschaft ist die Entwicklung spannender Geschmackskombinationen und feiner Rezepte, und meine kulinarischen Köstlichkeiten als Hobbyköchin halte ich seit 2015 auf »evchenkocht« fest. Wenn ich nicht gerade in meiner eigenen Küche Leckereien zubereite, dann findet man mich auch immer mal wieder bei einem Kochwettbewerb, kochend auf einer Foodmesse, auf (kulinarischen) Reisen, und gelegentlich gebe ich auch selbst Kochkurse.

evchenkocht.de   ⊙ evchenkocht   ⍟ evchenkocht

Fertig in 120 Minuten – Schwierigkeitsgrad 2

CHEESECAKE STICKS

**Käsekuchen – ein Klassiker wird aufgepimpt:
Der neue Foodtrend heißt Cheesecake Sticks!**

ZUTATEN FÜR 1 SPRINGFORM (20 CM DURCHMESSER)

Mürbeteig
150 g Mehl + mehr für
die Arbeitsfläche
50 g Zucker
75 g kalte Butter + mehr
für die Form
1 Ei (Größe M)
1 Prise Salz

Käsefüllung
250 g Quark
200 g Schmand
2 Eier (Größe M)
25 g Speisestärke
50 g Zucker
1 Pk. Vanillezucker
2 TL Bio-Zitronenabrieb

Außerdem
100 g Schokolade nach Wahl
(weiß, Vollmilch, Zartbitter)
Garnitur nach Wahl (z. B. Streusel,
Kokoschips, Früchte, Schokoriegel)
Eisstiele/Cakepop-Stiele aus Holz

ZUBEREITUNG

1
Alle Zutaten für den Mürbeteig zu einem Teig verkneten. Zu einer Kugel formen, in Frischhaltefolie wickeln und für 30 Minuten in den Kühlschrank stellen.

2
In der Zwischenzeit alle Zutaten für die Käsefüllung vermengen.

3
Den Backofen auf 160 °C Ober-/Unterhitze vorheizen. Die Springform fetten. Den Mürbeteig auf einer bemehlten Arbeitsfläche ca. 0,5 cm dick ausrollen. Den Boden der Form damit bedecken und einen ca. 3 cm hohen Rand hochziehen. Die Käsefüllung in die Form füllen. Den Kuchen im Ofen auf der mittleren Schiene 1 Stunde backen. Anschließend bei geöffneter Ofentür abkühlen lassen (so wird vermieden, dass der Kuchen rissig wird).

4
Die Schokolade im Wasserbad schmelzen. Den Kuchen in 8 Stücke schneiden und diese mit der Schokolade übergießen.

5
Die Stücke nach Wahl garnieren. Die Holzstiele jeweils mittig in die breite Seite der Stücke stecken und die Cheesecake Sticks servieren.

TIPP
Bereite den Kuchen am besten schon am Vortag zu, sodass er vollständig abkühlen kann. Und füge 1 EL Rapsöl zu der geschmolzenen Schokolade hinzu, damit sie schön glänzt und dann gleichmäßig über die Sticks läuft.

COOK AND POTT

Das sind wir: Sven und Jessy, die Gesichter hinter »cookandpott«. Wir kommen aus Essen, einer Stadt im schönen Ruhrgebiet, und lieben es, zu kochen und natürlich auch zu essen. Sven ist gelernter Koch, kreiert eigene Rezepte und teilt gerne seine Tipps mit der Community. Jessy kommt ursprünglich ebenfalls aus der Gastro-Branche. Wir legen großen Wert auf eine schöne Präsentation der Gerichte und freuen uns, unsere Community damit zu inspirieren. Wer Lust auf Kochtipps und leckere Rezepte hat, kann uns gerne auf einer kulinarische Reise durch unseren Blog begleiten.

cookandpott.com   ⓘ cookandpot

Fertig in 70 Minuten – Schwierigkeitsgrad 1

SCHOKOLADEN-HASELNUSS-TARTE

Ein knuspriger, selbst gemachter Haselnussboden wird hier mit einer geschmeidigen, cremigen Schokoladen-Nutella-Ganache gefüllt. Die Tarte ist einfach zu machen – und so lecker, dass sie viel zu schnell verschwindet!

ZUTATEN FÜR 1 RUNDE TARTEFORM (24 CM DURCHMESSER)

130 g gehackte Haselnüsse
125 g kalte Butter + mehr für die Form
130 g Mehl + mehr für die Form und zum Arbeiten
25 g Zucker
½ TL Salz
Blindback-Kugeln oder Reis zum Blindbacken
Schokoladen-Nutella-Ganache
250 g dunkle Schokolade (ca. 50–70 % Kakaogehalt)
280 g Nutella
250 g süße Sahne
Meersalz (z. B. Fleur de Sel) zum Bestreuen

ZUBEREITUNG

1

Backofen auf 175 °C Ober-/Unterhitze vorheizen. Nüsse auf einem kleinen, mit Backpapier ausgelegten Backblech verteilen und im Ofen ca. 6–10 Minuten rösten, bis sie dunkel werden und nussig duften. Dann ca. 5 Minuten abkühlen lassen. Währenddessen die Tarteform mit Butter fetten und mit etwas Mehl bestreuen, dabei unbedingt auch den Rand fetten und bemehlen (die gesamte Form sollte mit einer sehr feinen Mehlschicht bedeckt sein, damit der Boden später nicht daran kleben bleibt).

2

Ca. 30 g der gerösteten Nüsse beiseitestellen. Die restlichen mit Mehl, Zucker und Salz in der Küchenmaschine zerkleinern, bis die Mischung die Konsistenz von grobem, trockenem Sand hat. Die Butter walnussgroß würfeln und mit in die Küchenmaschine geben. Ein paarmal vorsichtig pulsieren, bis sich erbsengroße Teigklümpchen bilden. Dann sofort aufhören zu mixen. 2–3 EL eiskaltes Wasser zugeben, dabei mit 1 EL beginnen, zwei- bis dreimal pulsieren, dann 1 weiteren EL zugeben. Falls der Teig noch nicht bindet, etwas mehr Wasser hinzufügen (er sollte aber auf keinen Fall zu feucht sein – lieber weniger Wasser als zu viel!)

3

Den Teig vorsichtig in die Tarteform geben und mit dem Boden eines mit Mehl bestäubten Messbechers andrücken, dabei darauf achten, dass er so gleichmäßig wie möglich ist verteilt ist. Dann den Teigboden ein paarmal mit einer Gabel einstechen.

4

1 Blatt Backpapier zusammenknüllen und auf den Teigboden legen. Blindback-Kugeln auf das Papier geben. Den Boden im Ofen ca. 20 Minuten backen, anschließend aus dem Ofen nehmen. Das Backpapier mit den Blindback-Kugeln herausheben und den Boden im Ofen in weiterer 10–20 Minuten goldbraun backen. Danach ca. 10 Minuten abkühlen lassen. Falls eine Form mit abnehmbarem Boden verwendet wird, den Nussboden herausheben; falls eine Glasform verwendet wird, den Nussboden darin lassen. Anschließend den Nussboden im Kühlschrank 30–60 Minuten oder über Nacht abkühlen lassen.

5

Die Schokolade hacken und in eine hitzebeständige Schüssel geben. Nutella hinzufügen. Die Sahne in einem mittelgroßen Topf erhitzen, bis sie leicht zu kochen beginnt. Die Sahne mit in die Schüssel geben und die Mischung 2–4 Minuten stehen lassen, damit die heiße Sahne die Schokolade und das Nutella schmilzt. Danach mit einem Schaber ca. 1–2 Minuten rühren, bis die Ganache bindet und eindickt.

6

Sobald die Ganache eingedickt ist, gleichmäßig auf dem abgekühlten Nussboden verteilen. Die beiseitegestellten Nüsse darüberstreuen. Die Tarte für mindestens 1–2 Stunden oder über Nacht in den Kühlschrank stellen. Vor dem Servieren mit Meersalz bestreuen.

CRAZY KITCHEN

Ich heiße Joelle, bin 19 Jahre alt und die leidenschaftliche Foodbloggerin hinter »Crazy Kitchen«. Ich bin ein totaler Foodie, und meine Passion ist das Backen – mein Herz schlägt für Schokolade, Butter und Zucker. Aber es darf gerne auch mal was Pikantes oder Gesundes sein. Außerdem fotografiere und singe ich sehr gerne, treibe viel Sport oder treffe meine Freunde. Ich liebe es einfach, aktiv zu sein und das Leben zu genießen!

crazykitchenblog.com ⭕ crazykitchenblog 📌 crazykitchenblog

Fertig in 130 Minuten – Schwierigkeitsgrad 1

KÜRBIS-CHEESECAKE

**Kürbis trifft auf knusprigen Keksboden und
cremigen Cheesecake. Ein Traum.**

ZUTATEN FÜR 1 BACKFORM (20 X 25 CM)

Püree
200 g Hokkaido
80 g Süße nach Wahl (z. B. Birkenzucker,
Erythrit, Kokosblütenzucker, Zucker)
½ TL Zimtpulver
½ TL Ingwer (frisch, fein gerieben)
1 Prise Muskat

Keksboden
250 g Vollkornkekse (z. B. Vollkornbutterkekse,
nach Bedarf funktioniert auch glutenfrei)
100 g Butter
1 Prise Vanillepulver

Cheesecake-Schicht
750 g Frischkäse
200 g Schmand
150 g Süße nach Wahl (z. B. Birkenzucker,
Erythrit, Kokosblütenzucker, Zucker)
½ TL Vanillepulver
1 TL Zitronensaft
4 Eier
2 Eigelb

Zum Anrichten
100 g süße Sahne
1 TL Sahnesteif (z.B San-apart)
1 Prise Vanillepulver
Geriebene Schokolade oder Zimtpulver

ZUBEREITUNG

1

Für das Püree den Kürbis waschen, putzen, fein reiben oder schneiden. Mit den übrigen Zutaten und 100 ml Wasser in einem Topf aufkochen. Mit geschlossenem Deckel bei mittlerer Temperatur ca. 10 Minuten köcheln lassen, dabei zwischendurch umrühren, bis der Kürbis weich ist. Anschließend fein pürieren und beiseitestellen.

2

Für den Keksboden den Backofen auf 160 °C Ober-/Unterhitze vorheizen. Die Kekse fein zerkleinern. Die Butter schmelzen und die Kekse damit sowie mit dem Vanillepulver vermischen. Die Masse in den Backrahmen geben und festdrücken. Den Keksboden im Ofen 15 Minuten vorbacken und dann kurz abkühlen lassen.

3

Für die Cheesecake-Schicht Frischkäse, Schmand und Süße verrühren, dabei darauf achten, nicht zu viel Luft einzurühren. Zuerst Vanillepulver, dann Zitronensaft und zuletzt die Eier und Eigelbe einzeln nacheinander einrühren. ⅔ der Masse auf dem Keksboden verteilen und den Rest mit dem Kürbispüree vermischen. Diese Kürbismischung vorsichtig über der Cheesecake-Schicht verteilen und leicht marmorieren.

4

Den Kuchen im Ofen 15 Minuten backen, dann die Temperatur auf 130 °C Ober-/Unterhitze reduzieren und den Kuchen in 40 Minuten fertig backen. Anschließend abkühlen lassen und in Rechtecke schneiden.

5

Zum Anrichten Sahne mit San-apart und Vanille steif schlagen. Sahnetupfer auf die Kuchenstücke spritzen, den Cheesecake mit geriebener Schokolade oder Zimt verzieren und servieren.

GESCHMACKSLIEBE

Ich bin Juliane und dem Küchenwahnsinn hoffnungslos verfallen. Auf meinem Blog »Geschmacksliebe« teile ich seit 2017 die Leidenschaft für gutes Essen sowie meine liebsten Rezepte. Gesunde Alltagsküche und meine Passion für Geschmack treffen dort aufeinander. Mein Blog ist mein persönliches Rezeptbuch, in dem ich all das sammle, was mir auf den Tisch und vor die Linse kommt. Mit vielfältigen Alternativen zu handelsüblichem Zucker und Weizen zeige ich anderen, wie unkompliziert gesunde Ernährung ist und wie lecker-süß ein gesünderes Leben schmeckt, auch ohne Zucker.

geschmacksliebe.de ⓘ geschmacksliebe Ⓕ geschmacksliebe

Fertig in 70 Minuten – Schwierigkeitsgrad 1

KÄSEKUCHEN MIT MOHN UND PFIRSICHEN

Cremig, fruchtig und mit knusprigen Streuseln: So muss der perfekte Käsekuchen sein – wie dieser hier mit Mohn und Pfirsichen.

ZUTATEN FÜR 1 KASTENFORM (27,5 X 18,5 CM)

Füllung
300 ml Milch
45 g Zucker
100 g gemahlener Mohn
50 g Weichweizengrieß
1 kleine Dose Pfirsiche (480 g;
wenn du magst, ohne Zuckerzusatz)
oder 3 frische Pfirsiche, zerkleinert
1 Ei (Größe M)

Streusel
150 g kalte Butter
300 g Mehl
120 g Zucker
1 Prise Salz

Käsekuchenmasse
500 g Quark (Fettstufe: wie du magst,
ich habe 20 % verwendet)
2 Eier (Größe M)
25 g Speisestärke
80 g Zucker

Zum Anrichten
Puderzucker (optional)

ZUBEREITUNG

1
Für die Füllung Milch und Zucker in einem kleinen Topf aufkochen. Den Topf vom Herd nehmen und Mohn und Grieß unterrühren. Die Masse quellen und abkühlen lassen.

2
Den Backofen auf 160 °C Umluft vorheizen, den Backrahmen auf die entsprechende Größe einstellen (bzw. die Springform mit Backpapier auslegen) und auf ein mit Backpapier ausgelegtes Backblech stellen. Die Pfirsiche in einem Sieb abtropfen lassen.

3
Für die Streusel die Butter klein würfeln. Mit den restlichen Zutaten mit dem Knethaken des Mixers oder der Küchenmaschine (alternativ mit den Händen) so lange verkneten, bis sich die Masse zu Streusel zerbröseln lässt. ⅔ der Streusel gleichmäßig im Backrahmen verteilen und mit einem Esslöffel als Kuchenboden festdrücken.

4
Die Mohnmasse ist jetzt so weit abgekühlt, dass das Ei untergerührt werden kann. Dann die Masse auf dem Streuselboden verteilen und glatt streichen. Die Pfirsiche daraufsetzen.

5
Für die Käsekuchenmasse alle Zutaten in eine Schüssel geben und mit dem Schneebesen cremig rühren. Die Masse über die Pfirsiche gießen und mit einem Löffel oder Teigschaber gleichmäßig verteilen. Zum Schluss die restlichen Streusel locker darauf verteilen.

6
Den Kuchen auf einem Rost im unteren Drittel des Ofens ca. 50 Minuten backen. Anschließend im Ofen etwas abkühlen lassen, dabei einen Holzlöffel in die Ofentür klemmen, so bekommt der luftige Kuchen keinen Kälteschock und fällt nicht zusammen. Dann aus dem Ofen nehmen und auf einem Kuchengitter vollständig abkühlen lassen. Optional den Kuchen zum Anrichten mit Puderzucker garnieren.

KRIMI UND KEKS

Ich bin Christina und mag es knusprig-kriminell: So lautet das Motto auf meinem Blog »krimiundkeks«. Seit 2015 veröffentliche ich dort leckere Backrezepte, die garantiert gelingen – Käsekuchen, Tartes, Schokokuchen und natürlich Kekse. Backen liebe ich seit Kindertagen. Schon als kleiner Stöpsel habe ich zusammen mit meiner Mutter gebacken, und Teig-Naschen ist bis heute ein Muss. Weil für mich zu einem Stück Kuchen außerdem immer etwas Spannung gehört, kombiniere ich auf meinem Blog beide Leidenschaften und stelle dort auch Regionalkrimis vor.

krimiundkeks.de   krimiundkeks   krimiundkeks

Fertig in 55 Minuten – Schwierigkeitsgrad 2

SAN-SEBASTIÁN-KÄSEKUCHEN

**Die dunkle Kruste hält nicht nur das cremige Innere zusammen,
sondern sorgt auch für den unvergleichlich karamelligen Geschmack.
Und als krönender Abschluss verleiht die frische Vanille
dem Kuchen ein intensives Aroma.**

ZUTATEN FÜR 1 SPRINGFORM (20 CM DURCHMESSER)

600 g Frischkäse
200 g saure Sahne
200 g Puderzucker
150 ml Milch
Mark von 1 Vanilleschote
1 Prise Salz
30 g Speisestärke
4 Eier

ZUBEREITUNG

1

Den Backofen auf 200 °C Umluft vorheizen. Die Springform komplett mit Backpapier auslegen, auch Boden und Ränder vollständig bedecken.

2

Den Frischkäse mit Sahne, Puderzucker und Milch in die Küchenmaschine geben und in 5 Minuten cremig rühren. Dann das Vanillemark mit dem Salz zur cremigen Masse hinzufügen. Die Speisestärke durch ein feines Sieb zugeben. Zuletzt die Eier nacheinander untermischen.

3

Die glatte, sehr flüssige Masse in die Form gießen und kurz auf die Arbeitsfläche stauchen, um alle Luftbläschen zu entfernen. Den Käsekuchen im Ofen auf der unteren Schiene in 40 Minuten dunkelbraun backen (die Oberfläche wirkt leicht verbrannt – das ist gewollt).

4

Anschließend den Kuchen mindestens 30 Minuten bei geöffneter Ofentür ruhen lassen, danach 4–6 Stunden bei Zimmertemperatur (nicht im Kühlschrank) abkühlen lassen. Dann servieren.

LEBKUCHENNEST

Ich bin Isabella, Foodstylistin und Autorin aus dem schönen Nürnberg. Bei mir dreht sich alles ums Selbermachen, unkomplizierte Rezepte mit regionalen Zutaten und kulinarische Reisen. Meine Leidenschaft für den Anbau und die Zubereitung von Lebensmitteln begleitet mich schon mein ganzes Leben. Als kleines Küken stand ich noch in der Küche meiner Großmutter oder erntete im Garten meiner Eltern eigenes Obst und Gemüse. Mit Anfang 20 folgte dann mein erstes Kochbuch und vor einigen Jahren mein eigener Foodblog. Ganz viel Spaß beim Stöbern in meinem »Lebkuchennest«!

lebkuchennest.de   ⓘ lebkuchennest   ⓟ lebkuchennest

Fertig in 125 Minuten – Schwierigkeitsgrad 1

ZIMTSTERN-KÄSEKUCHEN

**Cremig, saftig, oberfluffig und unglaublich lecker:
Dieser etwas gesündere Zimtstern-Käsekuchen passt perfekt zum Weihnachtsfest,
ist einfach gemacht und gut vorzubereiten.**

ZUTATEN FÜR 1 SPRINGFORM (24 CM DURCHMESSER)

Teig
175 g Dinkelvollkornmehl + mehr
für die Arbeitsfläche
100 g gemahlene Mandeln
70 g Erythrit oder andere Süße
3 TL Zimtpulver
1 TL Vanillepulver
Schale von ½ Bio-Zitrone
65 g sehr weiches oder
geschmolzenes Kokosöl

Füllung
750 g Magerquark
150 g Erythrit
1 Pk. Vanillepuddingpulver
4 Eigelb
400 ml ungesüßter Pflanzendrink
120 ml Rapsöl

Außerdem
20 Zimtsterne
4 Eiweiß
4 EL Puderzucker

ZUBEREITUNG

1

Den Backofen auf 180 °C Ober-/Unterhitze vorheizen. Den Boden der Springform mit Backpapier auslegen. Alle Zutaten für den Teig mit 65 ml Wasser in eine Schüssel geben und erst mit den Knethaken des Handrührgeräts, dann mit den Händen zu einem geschmeidigen Teig verkneten.

2

Den Teig auf einer bemehlten Arbeitsfläche ausrollen und die Springform damit auskleiden, dabei einen 3–4 cm hohen Rand formen. Den Boden mit einer Gabel mehrfach einstechen und den Kuchen im Ofen ca. 15 Minuten vorbacken. Anschließend herausnehmen und abkühlen lassen.

3

Für die Füllung alle Zutaten in eine Schüssel geben und verrühren (Vorsicht, das kann spritzen, da die Masse sehr dünnflüssig ist).

4

Zimtsterne nach Belieben auf dem Kuchenboden verteilen. Die Füllung vorsichtig darauf verteilen, damit die Sterne nicht verrutschen. Den Kuchen im Ofen 1 Stunde backen.

5

Das Eiweiß steif schlagen, dabei den Puderzucker einrieseln lassen. Den Kuchen aus dem Ofen nehmen und die Eiweißmasse vorsichtig auf dem Kuchen verteilen. Den Kuchen weitere 15 Minuten backen, dabei ggf. nach 10 Minuten vorsichtig abdecken, damit das Baiser nicht zu dunkel wird. Den fertigen Kuchen aus dem Ofen nehmen und auf einem Kuchengitter abkühlen lassen. Dann aus der Form lösen und servieren.

MARAS WUNDERLAND

Ich bin Mara, 1990er-Kind, aktuell Frankfurterin, aber noch immer verliebt in mein kleines Heimatdörfchen im Spessart. Und ich liebe das Backen. Es ist gemeinsam mit dem Fotografieren mein Hobby, das ich teilweise sogar zum Beruf machen konnte. Für mich ist es die größte Freude, neue Rezepte zu kreieren, das Ganze schön in Szene zu setzen und dann mit meiner Leserschaft auf meinem Blog »Maras Wunderland« zu teilen. Meine Kreationen sind meist schnell und einfach – und dazu auch immer gesund oder zumindest gesünder als »normal«. Denn ich selbst lege großen Wert auf gesunde Ernährung. Außerdem sind auch viele vegane und glutenfreie Rezepte auf meinem Blog mit dabei.

maraswunderland.de · ⓘ maraswunderland · ⓟ maraswunderland

Fertig in 105 Minuten – Schwierigkeitsgrad 1

CREMIGER SCHMAND-KÄSEKUCHEN MIT WALDHEIDELBEEREN UND LIMETTE

Köstlich-cremiger Schmand-Käsekuchen trifft hier auf das intensive Aroma von Waldheidelbeeren.

ZUTATEN FÜR 1 SPRINGFORM (19 CM DURCHMESSER)

Teig
160 g Dinkelmehl (Type 1050)
80 g Butter oder Margarine + mehr für die Form
40 g Zucker

Creme
200 g Schmand
250 g Quark (Halbfettstufe)
80 g Zucker
25 g Speisestärke
Abrieb von 1 Bio-Limette
2 EL Limettensaft

Außerdem
200 g Waldheidelbeeren
Puderzucker zum Bestäuben (optional)

ZUBEREITUNG

1
Für den Teig alle Zutaten in eine Schüssel geben und mit den Fingerspitzen zerbröseln. Teelöffelweise kaltes Wasser hinzufügen, bis sich alles zu einem gleichmäßigen Teig verbunden hat.

2
Die Springform fetten und den Teig gleichmäßig hineindrücken, dabei einen Rand hochziehen.

3
Für die Creme alle Zutaten in eine Schüssel geben und mit dem Schneebesen verrühren. Die Heidelbeeren waschen. Den Backofen auf 180 °C Umluft vorheizen. Etwa die Hälfte der Creme auf den Teigboden gießen, die Hälfte der Heidelbeeren darauf verteilen, die restliche Creme darübergeben und glatt streichen. Die übrigen Beeren gleichmäßig auf dem Kuchen verteilen.

4
Den Käsekuchen im Ofen ca. 45 Minuten backen, bis er aufgegangen ist und ganz leicht zu bräunen beginnt. Anschließend in der Form abkühlen lassen und dann herauslösen. Optional zum Servieren mit einem Hauch Puderzucker bestäuben.

NASCHKATZE – KÜCHENGLÜCK UND KULINARISCHE STREIFZÜGE
Ich heiße Judith, und wenn ich Entspannung brauche, verschwinde ich in der Küche. Die Liebe zum Kochen und Backen verdanke ich meinen Omas. Im Studium entstand die Idee eines Blogs, auf dem ich meine Interessen Kochen, Backen, Fotografieren und Schreiben kreativ bündeln konnte. Seit 2014 teile ich nun mittlerweile auf »Naschkatze« süße wie herzhafte Rezepte und kulinarische Streifzüge mit anderen Naschkatzen und -katern. Eine weitere meiner Leidenschaften sind Kochbücher. Meine umfangreiche Sammlung wächst ständig, und viele Neuzugänge rezensiere ich ebenso auf dem Blog.

naschkatze.me naschkatze.s_kuechenglueck naschkatzeskulinarischestreifzuege

Fertig in 70 Minuten – Schwierigkeitsgrad 1

KÄSEKUCHEN-BROWNIE MIT ERDBEEREN UND SCHOKO-SWIRL

Der Kuchen ist eine köstliche Kombination aus Schokolade, Creme und Frucht: Der Boden mit Schokolade und Nüssen enthält schwarze Bohnen und Apfelmark und ist ohne Industriezucker. Und das Topping besteht aus einer Vanille-Frischkäse-Creme, Erdbeeren und einem Schoko-Swirl.

ZUTATEN FÜR 1 BACKFORM (24 X 24 CM)

Teig
200 g schwarze Bohnen
100 g Apfelmark
100 g Dinkelmehl (Type 1050)
100 ml Ahornsirup
50 g Cashewnüsse
2 geh. EL Kakaopulver
1 Prise Salz
75 g dunkle Schokolade
100 g Erdbeeren
Evtl. Fett für die Form

Belag
250 g Frischkäse
1 Ei (Größe L)
25 g Rohrohrzucker
½ TL Vanillepulver
1 Prise Salz
1 Spritzer Zitronensaft
4–6 Erdbeeren, je nach Größe
1 Handvoll Schokodrops

ZUBEREITUNG

1

Den Backofen auf 180 °C Ober-/Unterhitze vorheizen. Für den Teig alle Zutaten bis auf Schokolade und Erdbeeren in den Mixer geben und gut pürieren, bis eine cremige Teigmasse entsteht. Die Schokolade fein hacken und mit einem Holzlöffel unter den Teig ziehen. Die Erdbeeren waschen, trocken tupfen, klein schneiden und vorsichtig unterheben. Den Teig in die gefettete oder mit Backpapier ausgelegte Form geben.

2

Für den Belag den Frischkäse mit dem Ei, dem Zucker und dem Vanillepulver zu einer Creme verrühren und auf dem Teig verteilen. Die Erdbeeren waschen, trocken tupfen, putzen und vierteln (bzw. je nach Größe auch kleiner schneiden) und auf der Creme verteilen. Die Schokodrops ebenfalls auf die Creme streuen.

3

Den Brownie im Ofen ca. 15 Minuten backen, bis die Schokodrops angeschmolzen sind. Anschließend aus dem Ofen nehmen und ein spitzes Stäbchen durch die angeschmolzenen Schokodrops ziehen, bis ein Muster nach Wahl entsteht. Dann den Brownie weitere 20–25 Minuten backen. Die Brownies aus dem Ofen nehmen, abkühlen lassen und genießen. Guten Appetit!

NASCHWARE

Ich bin Kirstin, das Gesicht hinter »Naschware«. Beruflich bin ich Designerin, aber mein Blog ist mein Herzensprojekt. Dort teile ich meine Leidenschaft für leckeres, gesundes Essen. Das Kochen selbst und das Essen sollen Spaß machen und die Stimmung heben, eine Prise Humor sollte definitiv auch immer im Spiel sein. Unter gesundem Essen verstehe ich Speisen, die Körper und Seele, aber auch unserer Umwelt guttun. Ich möchte mir dabei zwar nichts verbieten, es sollte jedoch alles in Maßen, bewusst und mit Verantwortung genossen werden.

naschware.de 	[instagram] naschware

Fertig in 90 Minuten – Schwierigkeitsgrad 1

VEGANER KÄSEKUCHEN MIT MÜRBETEIGBODEN

Cremiger veganer Käsekuchen mit einer Basis aus Mürbeteig. Die Füllung kommt ganz ohne Tofu aus und wird mit pflanzlichem Skyr und Zitrone nicht nur wahnsinnig cremig, sondern auch sehr frisch und leicht im Geschmack!

ZUTATEN FÜR 1 SPRINGFORM (26 CM DURCHMESSER)

Mürbeteig
230 g Dinkelmehl (Type 630) + mehr
für die Form
130 g kalte pflanzliche Butter + mehr
für die Form
4 EL Zucker
1 Msp. Bio-Zitronenabrieb
1 Prise Salz

Füllung
100 g pflanzliche Butter
800 g pflanzlicher Skyr ohne Zucker
200 g Zucker
Saft und Abrieb von 1 Bio-Zitrone
1 TL Vanilleextrakt
70 g Speisestärke

ZUBEREITUNG

1

Für den Mürbeteig Mehl, Butter, Zucker, Zitronenabrieb und Salz zu einem Teig verkneten, dabei die Butterstücke zwischen den Fingern zerbröseln und mit den anderen Zutaten verkneten. 3 EL eiskaltes Wasser unterkneten und so lange weiterkneten, bis der Teig homogen ist. Den Teig gut abgedeckt im Kühlschrank ruhen lassen, während die Füllung zubereitet wird.

2

Für die Füllung die Butter schmelzen oder rechtzeitig aus dem Kühlschrank nehmen, sodass sie weich ist und sich gut vermischen lässt. Mit Skyr, Zucker, Zitronensaft und -abrieb sowie Vanilleextrakt verrühren (wer einen weniger kräftigen Zitronengeschmack mag, verwendet weniger Zitronensaft oder nur etwas Zitronenabrieb). Wenn alles gut vermischt ist, die Speisestärke unterrühren, bis keine Klümpchen mehr vorhanden sind.

3

Die Springform fetten und bemehlen. Den Backofen auf 180 °C Ober-/Unterhitze vorheizen. Den Mürbeteig gleichmäßig in der Form verteilen, dabei einen Rand hochziehen, der nicht ganz bis zum oberen Ende der Springform reicht (1–2 cm Abstand dürfen noch bleiben). Die Füllung auf den Teigboden geben und etwas glatt streichen. Den Kuchen im Ofen ca. 1 Stunde backen. Anschließend vor dem Anschneiden vollständig abkühlen lassen.

TIPP

Als Topping passen Himbeeren, Erdbeerpüree oder auch Schokolade sehr gut.

PLANTS.FOOD.MIND

Wir sind Malgosia und Madeleine von »plants.food.mind«. Kochen und Backen war schon immer unsere Leidenschaft. Letztere teilen wir inzwischen gerne auf Instagram und unserem Blog in Form von Rezepten und Ideen für den einfachen Umstieg auf eine pflanzenbasierte Ernährung. Außerdem bieten wir Kochkurse an, in denen wir mit simplen Rezepten und leicht zugänglichen Zutaten zeigen, wie vielfältig, gesund und vor allem lecker die vegane Küche sein kann.

plantsfoodmind.com　🅘 plants_food_mind

Fertig in 100 Minuten – Schwierigkeitsgrad 1

SCHOKO-KÄSEKUCHEN MIT STREUSELN UND MARACUJADECKE

Käsekuchen ist eigentlich ein richtiger Klassiker. Es gibt ihn in verschiedenen Varianten. Ich habe meinen verfeinert mit weißer Schokolade, für den Crunch bekam er noch ein paar Streusel und, um es ein wenig fruchtig zu machen, eine Maracujadecke.

ZUTATEN FÜR 1 BACKFORM (26 CM DURCHMESSER)

Mürbeteig
250 g Dinkelmehl
75 g Zucker
1 Ei
1 Pk. Vanillezucker
125 g Butter oder Margarine

Käsekuchenmasse
300 g weiße Kuvertüre
500 g Quark
250 g Mascarpone
3 Eier
2 EL Zitronensaft
1 Pk. Vanillezucker
1 Pk. Zitronenzucker
20 g Speisestärke
40 g Zucker

Streusel
100 g Butter
150 g Dinkelmehl
100 g brauner Zucker
1 Prise Zimtpulver

Fruchtglasur
1 Pk. Tortenguss klar
150 g Maracujasaft (alternativ für einen Kuchen
mit Mango- statt Maracujadecke: Mangosaft)

ZUBEREITUNG

1
Alle Zutaten für den Mürbeteig verkneten und für 30 Minuten in den Kühlschrankschrank stellen.

2
Für die Käsekuchenmasse die Kuvertüre klein hacken und im Wasserbad schmelzen. Den Backofen auf 180 °C Ober-/Unterhitze vorheizen. Speisestärke mit Zucker vermischen. Quark, Mascarpone, Eier, Zitronensaft, Vanillezucker, Zitronenzucker, Speisestärke mit Zucker und die flüssige lauwarme Kuvertüre verrühren. Den Mürbeteig erneut durchkneten. Die Backform mit Mürbeteig auskleiden, dabei einen Rand hochziehen und die Käsekuchenmasse darauf verteilen.

3
Alle Zutaten für die Streusel vermengen. Die Masse zu Streuseln zerbröseln und den Rand des Kuchens damit bestreuen. Den Kuchen zunächst bei 180 °C Ober-/Unterhitze 30 Minuten und dann bei 160 °C Ober-/Unterhitze weitere 30 Minuten backen.

4
Für die Fruchtglasur den Tortenguss nach Packungsanweisung mit dem Maracujasaft zubereiten. Die Glasur in der Kuchenmitte verteilen und den Kuchen servieren.

SIMONES BACKBLOG

Ich heiße Simone, und Backen ist eine meiner großen Leidenschaften. Es hilft mir, vom stressigen Alltag abzuschalten. Inspirationen hole ich mir aus alten Backbüchern oder Backzeitschriften, ich experimentiere dann gerne und wandle Rezepte ab. Und wenn es der Familie und Freunden auch noch schmeckt, bereitet mir das eine große Freude. Schon als Kind habe ich gerne mit meiner Mutti Plätzchen und Kuchen gebacken. Dieser Spaß am Backen ging aber zwischenzeitlich verloren, und ich habe ihn erst vor circa 3 Jahren durch Zufall wiederentdeckt und teile ihn nun auf meinem Foodblog »cake_love_sim_backblog« auf Instagram mit anderen.

cake_love_sim_backblog   Simone's Backblog

Fertig in ca. 20 Minuten – Schwierigkeitsgrad 1

SAFTIGER EIERLIKÖRKUCHEN

Fluffiger, saftiger Eierlikörkuchen – der Klassiker fürs Kaffeekränzchen ist lecker, gut vorzubereiten, schnell und einfach zu machen.

ZUTATEN FÜR 1 GUGELHUPFFORM (26 CM DURCHMESSER)

5 Eier
200 g Puderzucker
2 Pk. Vanillezucker
250 ml Eierlikör
250 ml Pflanzenöl (ich nehme Rapsöl)
1 TL Vanillepaste
150 g Mehl
100 g Speisestärke
1 Pk. Backpulver

Außerdem
Fett für die Form
Semmelbrösel für die Form
Puderzucker zum Bestäuben

ZUBEREITUNG

1

Den Backofen auf 175 °C Ober-/Unterhitze vorheizen. Die Eier mit dem Puderzucker schaumig und luftig aufschlagen, bis sich das Volumen deutlich vergrößert hat. Langsam den Eierlikör und anschließend das Öl einlaufen lassen. Die Vanillepaste zugeben. Die trockenen Zutaten – Mehl, Speisestärke und Backpulver – in einer Schüssel vermengen. Die Mischung zu den flüssigen Zutaten geben und mixen, bis alles gut vermengt ist (nur so kurz wie nötig und nicht zu lange).

2

Den Teig in die gefettete und mit Semmelbröseln ausgestreute Gugelhupfform geben, glatt streichen. Den Kuchen im Ofen ca. 50 Minuten backen, Stäbchenprobe machen (wichtig ist, den Kuchen nicht zu lange zu backen, so bleibt er schön saftig).

3

Anschließend den Gugelhupf kurz abkühlen lassen. Dann vorsichtig stürzen, mit Puderzucker bestäuben und servieren.

SOUL BAKERY

Ich bin Swantje, Kuchenjunkie und backe für mein Leben gerne. Auf meinem Blog »Soul Bakery« teile ich meine Leidenschaft fürs Backen. Meine Leckereien sollen vor allem eins: der Seele guttun und glücklich machen. Beim Backen mag ich es einfach, natürlich und unkompliziert mit Ohhh-Effekt – den Duft von Streuselkuchen und Plätzchen frisch aus dem Ofen könnte es von mir aus das ganze Jahr geben. Außerdem liebe ich Bücher und könnte mich stundenlang in gut sortierten Buchläden aufhalten. Inspirierende Koch- und Backbücher begeistern mich dabei am meisten und ziehen mich magisch in ihren Bann.

soulbakery.de _soulbakery_ soulbakeryblog

Fertig in 38 Minuten (ohne Kühlzeit) – Schwierigkeitsgrad 2

SCHOKOLADENKUCHEN MIT SALZKARAMELL-ERDNUSSBUTTER-TOPPING

Wem bei dieser Überschrift nicht das Wasser im Mund zusammenläuft, dem kann nicht mehr geholfen werden. Und eigentlich ist das noch nicht mal alles, denn genau genommen ist es eine „Schokoladentarte mit Erdnussbutter-Frischkäse-Creme, Salzkaramellsauce und gerösteten Erdnüssen"!

ZUTATEN FÜR 1 BACKFORM (26 CM DURCHMESSER)

Kuchen
200 g edelbittere Schokolade
150 g Butter
4 Eier
150 g Zucker
100 g gemahlene Mandeln

Creme
100 g süße Sahne
200 g Frischkäse
150 g cremige Erdnussbutter
80 g Puderzucker

Karamellsauce
200 g Zucker
200 g süße Sahne
55 g Butter
1 Prise Meersalz

Außerdem
3 EL geröstete gesalzene Erdnüsse
30–50 g geschmolzene Schokolade

ZUBEREITUNG

1

Für den Kuchen den Backofen auf 180 °C Ober-/Unterhitze vorheizen. Die Schokolade über dem Wasserbad schmelzen. Die Butter zugeben und mitschmelzen. Währenddessen die Eier mit dem Zucker schaumig schlagen. Die Schokoladen-Butter-Masse kurz abkühlen lassen und dann mit den Mandeln zugeben. Den Teig mixen, in die Springform geben und im Ofen ca. 25 Minuten backen. Anschließend den Kuchen vollständig abkühlen lassen. Wer mal schnell einen Schokokuchen braucht! Er schmeckt auch so schon super, ist aber nicht so spektakulär.

2

Für die Creme die Sahne aufschlagen. Frischkäse, Erdnussbutter und Puderzucker in einem anderen Gefäß vermengen. Die Sahne zugeben und alles zu einer Creme mixen (Achtung, nicht zu viel davon naschen! Es muss später noch was auf dem Kuchen landen). Bis zum Einsatz im Kühlschrank parken.

3

Für die Karamellsauce Zucker und 60 ml Wasser zum Kochen bringen und ca. 10 Minuten bei mittlerer Temperatur köcheln lassen. Dann Sahne und Butter hinzufügen, die Temperatur erhöhen und weiter köcheln lassen, bis die Masse braun wird (darauf achten, dass sie nicht anbrennt). Wenn die Sauce Blasen wirft und dickflüssig vom Löffel läuft, ist sie fertig (mit der Zeit wird sie wieder fest, kann aber durch Wärme erneut flüssig gemacht werden). Zuletzt das Salz zugeben.

4

Die Creme auf dem Kuchen verteilen, dann die Karamellsauce darübergeben. Nun zur Garnitur noch die Erdnüsse darüberstreuen, ein wenig geschmolzene Schokolade hübsch verteilen und den Kuchen servieren.

VOLKER MAMPFT

Ich heiße Volker und blogge unter »volkermampft« seit über fünf Jahren aktiv. Im Rahmen des Blog-Events »Die kulinarische Weltreise« wurden in meinem Blog schon über 50 Länder bereist, sodass er zu den internationalsten im deutschsprachigen Raum gehört. Auf meinem Blog findet man neben Koch- und Kuchenrezepten immer mehr für Brot und Brötchen, denn ich habe meine Vorliebe fürs Backen mit Sauerteigen und alternativen Triebmitteln entdeckt. Lecker sind auch die vorgestellten Kuchen meiner Frau Tina und die vielen italienischen Gerichte von Francesco, der mich seit einem Jahr als Gastblogger unterstützt. Schau vorbei und klicke dich durch die Rezepte!

volkermampft.de   🅾 volkermampft   f volkermampft

Fertig in 20 Minuten – Schwierigkeitsgrad 1

S'MORES COOKIE CUPS

Diese Cups mit Marshmallows liefern Lagerfeuer-Feeling für zu Hause.

ZUTATEN FÜR 24 CUPS

250 g Butterkekse
100 g geschmolzene Butter + mehr
für die Form
60 g Puderzucker + mehr
für die Form
12 große Marshmallows
1 Tafel Schokolade

ZUBEREITUNG

1

Den Backofen auf 175 °C Ober-/Unterhitze vorheizen. Die Butterkekse fein zerbröseln. Mit Butter und Puderzucker vermischen. Ein Mini-Muffinblech fetten und mit ein wenig Puderzucker ausstäuben.

2

Die Keksmischung auf die Mulden des Blechs verteilen und an Rand und Boden zu kleinen Cups andrücken. Die Cups im Ofen 4–5 Minuten vorbacken. Dann aus dem Ofen nehmen und in jeden Cup ein halbes Marshmallow geben.

3

Den Ofen auf Oberhitze umstellen und die Cups im Ofen weitere 2 Minuten backen, bis die Marshmallows an der Oberseite schön gebräunt sind. Das Blech aus dem Ofen nehmen. Auf jedes Cup ein Stück Schokolade geben, abkühlen lassen und dann servieren.

ANNALENAS BAKERY

Ich bin Annalena und komme aus der Nähe von Karlsruhe. Das Backen ist meine Leidenschaft und mein Ausgleich zum Alltag. Am liebsten backe ich kleine Desserts oder leckere Torten, und das eigentlich in jeder freien Minute. Die Rezepte dazu und vieles mehr findest du auf »annalenasbakery.de«. Auf meinem Blog kannst du Rezepte für Anlässe quer durchs Jahr entdecken. Von den Back-Basics bis hin zu größeren Tortenprojekten ist wirklich für jeden etwas dabei.

annalenasbakery.de   ⬤ annalenasbakery   ♪ annalenasbakery

Fertig in 35 Minuten – Schwierigkeitsgrad 1

SCHOKOMUFFINS

Supersaftige, fluffige und schnell gebackene Schokomuffins, die man mit der eigenen Lieblingsschokolade machen kann (z. B. mit Karamellstückchen, Nussschokolade etc.).

ZUTATEN FÜR 6 MUFFINS

40 g weiche Butter, + ggf. mehr für
das Blech / die Förmchen
60 g Mehl, ggf. mehr für
das Blech / die Förmchen
100 g Lieblingsschokolade
4 Eier (Größe M)
40 g Zucker
1 TL Backpulver
1 Prise Salz
1 EL Backkakao

ZUBEREITUNG

1

Den Backofen auf 200 °C Ober-/Unterhitze vorheizen. Ein Muffinblech oder 6 ofenfeste Förmchen (à 7 cm Durchmesser) fetten und mit Mehl ausstäuben oder mit Papierformen bestücken. Die Schokolade über dem Wasserbad schmelzen und anschließend etwas abkühlen lassen.

2

Die Eier trennen. Die Butter mit dem Zucker cremig schlagen. Das Eigelb zugeben und gut unterrühren. Das Eiweiß steif schlagen. Mehl, Backpulver, Salz und Kakao gut vermischen. Die geschmolzene Schokolade zur Eigelbmasse geben. Dann die Mehlmischung unterrühren. Zum Schluss das Eiweiß unterheben.

3

Den Teig, am besten mit einem Eisportionierer, auf die Formen verteilen. Die Muffins im Ofen ca. 20–25 Minuten backen, Stäbchenprobe machen. Anschließend abkühlen lassen und servieren.

CLOEDIS_SWEET_CORNER

Ich heiße Claudia, Spitznamen: Clödi oder Claudi. Mein Hobby ist es, meine selbst gebackenen Sachen zu fotografieren; und da die hauptsächlich süß sind, auch der Name meines Blogs »cloedis_sweet_corner« auf Instagram. Langsam finde ich außerdem Gefallen daran, auch herzhafte Speisen zu fotografieren (sie zu essen sowieso). Es macht immer mehr Spaß, und daher findet sich nun auch Salziges und Pikantes auf meinem Foodblog auf Instagram.

cloedis_sweet_corner

Fertig in 30 Minuten – Schwierigkeitsgrad 1

SAFTIGE (FRÜHSTÜCKS-) APFELMUFFINS

Gesund, lecker und fluffig – starte mit diesen fruchtigen Muffins vital in den Tag!

ZUTATEN FÜR 12 MUFFINS

2 Äpfel
100 g Butter
50 g Haferflocken
2 Eier
70 g Zucker
100 g Naturjoghurt
300 g Mehl
1 Pk. Backpulver

ZUBEREITUNG

1

12 Muffinformen auf einem Backblech verteilen oder eine Muffinbackform verwenden.

2

Die Äpfel waschen, putzen und im Standmixer oder in der Küchenmaschine zerkleinern. Alle weiteren Zutaten hinzufügen und zu einem Teig verkneten.

3

Den Teig auf die Muffinform(en) verteilen. Die Muffins im Backofen bei 170 °C Umluft ca. 15–20 Minuten backen (nicht wundern, wenn sie danach noch etwas weich sind, sie werden mit dem Abkühlen noch „fester"). Anschließend abkühlen lassen und servieren.

COOK AND POTT

Das sind wir: Sven und Jessy, die Gesichter hinter »cookandpott«. Wir kommen aus Essen, einer Stadt im schönen Ruhrgebiet, und lieben es, zu kochen und natürlich auch zu essen. Sven ist gelernter Koch, kreiert eigene Rezepte und teilt gerne seine Tipps mit der Community. Jessy kommt ursprünglich ebenfalls aus der Gastro-Branche. Wir legen großen Wert auf eine schöne Präsentation der Gerichte und freuen uns, unsere Community damit zu inspirieren. Wer Lust auf Kochtipps und leckere Rezepte hat, kann uns gerne auf einer kulinarische Reise durch unseren Blog begleiten.

cookandpott.com 🅾 cookandpot

Fertig in 60 Minuten – Schwierigkeitsgrad 1

CHEESECAKE-OREO-CUPCAKES

Oreo und Cheesecake: ein Prachtstück für den Nachmittagskaffee und der perfekte Nachtisch für alle Oreo-Fans.

ZUTATEN FÜR 12 MUFFINS

18 Oreo-Kekse
500 g zimmerwarmer Magerquark
125 g zimmerwarme saure Sahne (18 % Fett)
100 g Zucker
1 zimmerwarmes Ei
1 zimmerwarmes Eiweiß
½ EL Speisestärke
Ein paar Tropfen Vanilleextrakt

Zum Anrichten
Geschlagene süße Sahne
Zerbröselte Oreo-Kekse

ZUBEREITUNG

1

Jeweils einen Oreo-Keks in Muffinförmchen legen. Den Quark mit den restlichen Zutaten langsam mit einem Löffel glatt rühren (nicht schlagen). Die restlichen Kekse klein brechen und unter die Quarkmasse heben.

2

Die Cheesecake-Masse in die Förmchen geben und die Cupcakes in den auf 170°C vorgeheizten Ofen (Ober-/Unterhitze) 20–30 Minuten backen. Anschließend gut abkühlen lassen und am besten vor dem Anrichten für 3–4 Stunden in den Kühlschrank stellen. Dann die Cupcakes mit Schlagsahne und zerbröselten Keksen garnieren und servieren.

TIPP

Die Zutaten für Zimmertemperatur am besten 30 Minuten vor dem Backen aus dem Kühlschrank nehmen.

SILVISIBEL

Ich bin Silvi, 48 Jahre alt und backe und koche für mein Leben gerne. Diese Leidenschaft prägt mich schon, seitdem ich ein kleines Mädchen bin. Ich freue mich darauf, meine Back- und Kochkreationen ins richtige Licht zu rücken und die Rezepte auf meinem Instagram-Account, den ich 2018 erstellt habe, mit anderen zu teilen. Ich liebe diese Momente, in denen mein Ofen in Betrieb ist und das ganze Haus nach frisch gebackenem Kuchen und Gebäck duftet. Durch den Foodblog hat sich auch meine Leidenschaft zur Fotografie vertieft. Habe ich dich inspiriert? Dann schau doch gerne vorbei auf »silvisibel«.

silvisibel

Fertig in 60 Minuten – Schwierigkeitsgrad 1

HIMBEER-KOKOS-EIS-CUPCAKES

Dieses Dessert ist perfekt geeignet für Gäste und lässt sich hervorragend vorbereiten. Cremiger Eisgenuss ganz ohne Eismaschine.

ZUTATEN FÜR 6 PERSONEN

200 g Himbeeren + 12 mehr für die Förmchen und zum Garnieren
100 g Zartbitterschokolade
200 g süße Sahne
Ca. 70 g Zucker
170 g Milchmädchen
(gezuckerte Kondensmilch)
100 g Kokosnusscreme
10 g Kokosflocken + mehr zum Garnieren
100 g Mascarpone

ZUBEREITUNG

1

Alle Himbeeren waschen. Die Schokolade hacken und über dem Wasserbad schmelzen. 6 Silikon-Muffinförmchen mit der geschmolzenen Schokolade nicht zu dünn auspinseln und für 1 Stunde in den Kühlschrank stellen.

2

100 g Sahne steif schlagen und 20 g Zucker einrühren. 100 g Milchmädchen mit der Kokosnusscreme und den Kokosflocken in einer separaten Schüssel verrühren. Dann unter die Sahne heben. Die Masse in die Muffinförmchen verteilen und jeweils eine Himbeere in die Mitte drücken. Die Förmchen für 2 Stunden in den Gefrierschrank stellen.

3

Die Himbeeren pürieren und durch ein Sieb passieren. Ca. 40 g Zucker zugeben (genaue Menge nach Geschmack und abhängig von der Säure der Himbeeren) und mit dem restlichen Milchmädchen verrühren. Die übrige Sahne steif schlagen und mit Mascarpone sowie dem restlichen Zucker gründlich unterheben. Das Himbeerpüree gut unter die Sahnemischung rühren. Die Masse 2 Stunden kalt stellen, bis sie fest wird.

4

Die Himbeermasse in einen Spritzbeutel mit Sterntülle füllen und auf die Eis-Cupcakes spritzen. Jeweils mit einer Himbeere und Kokosflocken garnieren. Die Cupcakes für einige Stunden, am besten über Nacht, in den Gefrierschrank stellen. Vor dem Servieren die Silikonförmchen entfernen.

FRAU SÜSSSCHNABEL

Mein Herz schlägt für die süßen und schönen Dinge im Leben – das wurde mir vermutlich bereits in die Wiege gelegt. Backen war in unserer Familie schon immer eine große Passion, und auch ich liebe es, für Familie und Freunde zu kochen und zu backen. Außerdem sind schöne Koch- und Backbücher eine meiner Leidenschaften. Meine Liste mit Rezepten daraus, die ich unbedingt ausprobieren möchte, wächst stetig. Aber ich halte mich selten zu 100 Prozent an ein Rezept, sondern verpasse ihm meist eine persönliche Note. Das alles teile ich gerne und lade als »frau.suessschnabel« seit 2016 jeden Sonntag auf Instagram zum virtuellen Kaffeeklatsch am »#suessschnabelsonntag«.

frau.suessschnabel

Fertig in 90 Minuten (ohne Kühlzeit) – Schwierigkeitsgrad 2

MALIBU-MARACUJA-TORTE

Eine leckere – nicht ganz jugendfreie – Torte für Sommertage.

ZUTATEN FÜR 1 TORTE (22 CM DURCHMESSER)

Biskuitteig
4 Eier
140 g Zucker
100 g Mehl
1 TL Backpulver
45 g Speisestärke

Tortencreme
2 Pk. Dr. Oetker Paradies Creme des Jahres Südseetraum
400 ml Milch
200 ml Malibu-Rum
3 EL Sofortgelatine

Fruchteinlage
3 Blatt Gelatine
300 ml Maracujasaft
1 Schuss Malibu-Rum

Außerdem
2 Backformen (à 22 cm Durchmesser)
2 Passionsfrüchte, Fruchtfleisch ausgelöst + mehr zum Garnieren
Kokoschips zum Garnieren
Raffaello-Kugeln zum Garnieren

ZUBEREITUNG

1
Für den Biskuitteig die Eier mit dem Zucker ca. 10 Minuten hell aufschlagen. Mehl, Backpulver und Speisestärke sieben und unter die Eier-Zucker-Masse heben.

2
Den Biskuit auf die 2 Backformen verteilen und bei 180 °C Ober-/Unterhitze 20–25 Minuten backen. Dann aus dem Ofen nehmen und auf einem Kuchengitter vollständig abkühlen lassen.

3
Für die Tortencreme die Paradies Creme in eine Schüssel geben. Milch und Rum zugeben, 3 Minuten aufschlagen und dann bis zur weiteren Verarbeitung in den Kühlschrank stellen.

4
Für die Fruchteinlage die Gelatine in kaltem Wasser 10 Minuten einweichen. Danach aus dem Wasser nehmen und gut ausdrücken. Den Maracujasaft in einen Topf geben und aufkochen lassen. Den Rum hinzufügen und den Topf sofort vom Herd nehmen. Die Gelatine einrühren, bis sich alles verbunden hat.

5
Die Biskuitböden einmal quer durchschneiden und einen Boden auf eine Tortenplatte legen. Um den ersten Boden einen Totenring spannen. Die Fruchteinlage ein wenig abkühlen lassen, dann auf den Boden geben und für 10 Minuten in den Kühlschrank stellen. Anschließend den nächsten Boden auf den ersten setzen. Die Sofortgelatine unter die Paradies-Creme-Masse mischen. 4–5 EL Tortencreme auf dem zweiten Boden glatt streichen. Das Fruchtfleisch einer Passionsfrucht auf der Tortencreme verteilen und den dritten Boden daraufsetzen. Den Vorgang bis zum letzten Boden so wiederholen und die Torte dann für 3–4 Stunden in den Kühlschrank stellen.

6
Anschließend den Tortenring vorsichtig lösen. Kokoschips, Raffaellos und Passionsfrüchte als Garnitur auf die Torte legen. Die Torte bis zum Servieren im Kühlschrank aufbewahren.

ANNALENAS BAKERY

Ich bin Annalena und komme aus der Nähe von Karlsruhe. Das Backen ist meine Leidenschaft und mein Ausgleich zum Alltag. Am liebsten backe ich kleine Desserts oder leckere Torten, und das eigentlich in jeder freien Minute. Die Rezepte dazu und vieles mehr findest du auf »annalenasbakery.de«. Auf meinem Blog kannst du Rezepte für Anlässe quer durchs Jahr entdecken. Von den Back-Basics bis hin zu größeren Tortenprojekten ist wirklich für jeden etwas dabei.

annalenasbakery.de ⓞ annalenasbakery ♪ annalenasbakery

Fertig in 150 Minuten – Schwierigkeitsgrad 2

ERDBEER-KUPPELTORTE

Leckere Erdbeer-Kuppeltorte bzw. Erdbeer-Charlotte mit einer köstlichen Joghurt-Sahne-Füllung, die ganz sicher ein Hingucker auf der Kaffeetafel ist. Das Auge isst schließlich mit!

ZUTATEN FÜR 1 TORTE (20 CM DURCHMESSER)

4 Eier
1 Prise Salz
90 g Zucker
100 g Dinkelmehl (Type 630)
1 TL Bio-Zitronenabrieb
Gehobelte Mandeln zum Bestreuen (optional)
400 g Erdbeeren
300 g süße Sahne
2 Pk. Sahnesteif
1 Pk. Vanillezucker
300 g griechischer Joghurt
125 g Mascarpone
1 EL Zitronensaft
2 EL Zucker oder Agavendicksaft
3 Blatt Gelatine (alternativ Agar-Agar oder Gelatine fix)
1 EL Erdbeermarmelade ohne Kerne

Außerdem
2 Backformen (à 20 cm Durchmesser)
1 Salatschüssel (20 cm Durchmesser)
Öl für die Schüssel
Garnitur (z. B. Zuckerblumen; optional)

ZUBEREITUNG

1
Eier mit Salz kurz aufschlagen, dann den Zucker einrieseln lassen, dabei weiterschlagen. Danach die Masse mit dem elektrischen Schneebesen auf höchster Stufe Minutendestens 10 Minuten aufschlagen. Mehl mit Zitronenabrieb mischen. Die Backformen mit Backpapier auslegen. Die Mehlmischung nach und nach in die Eiermasse rühren und vorsichtig unterheben. Den Teig auf die beiden Backformen verteilen, optional mit Mandeln bestreuen und die Tortenböden im Backofen bei 160 °C Ober-/Unterhitze 25 Minuten backen.

2
Die Salatschüssel leicht ölen und dann mit Frischhaltefolie auslegen. Erdbeeren waschen, trocken tupfen und putzen. Einen Teil davon in ca. 2–3 mm dicke Scheiben schneiden und in der Schüssel so verteilen, dass möglichst wenig Stellen frei bleiben. 2–3 schöne Erdbeeren als Garnitur beiseitestellen, die übrigen in kleine Stücke schneiden. Sahne mit Sahnesteif sowie Vanillezucker steif schlagen. 2 EL der Masse in einen Spritzbeutel füllen und bis zum Garnieren in den Kühlschrank stellen.

3
Joghurt mit Mascarpone, Zitronensaft und Zucker cremig rühren. Gelatine nach Packungsanweisung einweichen, dann erwärmen, bis sie sich gleichmäßig aufgelöst hat, danach 2 EL der Joghurt-Mascarpone-Mischung unterrühren. Die Gelatinemasse mit dem Schneebesen unter die restliche Joghurtmischung rühren. Die Sahnemasse zugeben und alles zu einer Tortenfüllung mit homogener Konsistenz verrühren.

4
Eine ca. 1 cm dicke Schicht der Füllung vorsichtig gleichmäßig auf den Erdbeeren in der Schüssel verteilen. In die restliche Füllung die klein geschnittenen Erdbeeren sowie die Marmelade rühren und dann die „Kuppel" in der Schüssel mit einem Teil der Creme ausfüllen. Den ersten Tortenboden auf ca. 16 cm Durchmesser ausschneiden und auf die Creme drücken. Die restliche Creme darauf verteilen und dann den zweiten Boden (mit 20 cm Durchmesser) auflegen. Die Torte für mindestens 4 Stunden kühl stellen. Anschließend eine Tortenunterlage auf die Schüssel legen, die Schüssel umdrehen und auf einen festen Untergrund stellen. Die Schüssel vorsichtig abheben und danach ebenso vorsichtig die Folie abnehmen.

5
Die im Kühlschrank aufbewahrte Sahne am unteren Tortenrand aufdressieren. Die Torte optional weitergarnieren, z. B. mit Zuckerblumen (oder so wie ich mit Gänseblümchen), und servieren.

CASTLEMAKER
Ich heiße Anja und wohne mit meiner Familie im schönen Schwarzwald. Seit Januar 2013 schreibe ich das Food- und Lifestyle-Magazin »Castlemaker« und liebe neben einfachen Gerichten vor allem das Backen. Es fing ganz harmlos mit den Geburtstagstorten meiner Kids an und wurde zu einem leckeren Hobby. In meine Rezepte stecke ich viel Herzblut und reduziere den Zuckergehalt auf das Minimum. Und freue mich total, wenn sie fleißig nachgebacken werden.

Castlemaker.de 🅾 castlemakerfood 🅿 Castlemakerblog

Fertig in 44 Minuten (ohne Kühlzeit) – Schwierigkeitsgrad 2

JOHANNISBEERTORTE MIT BROWNIEBODEN

Rezept für eine fabelhafte Johannisbeertorte aus 3 Schichten. Auf einen saftigen Schokokuchen folgt eine fluffige Johannisbeermousse und ein fruchtiger Johannisbeerspiegel. Das Rezept ist nicht kompliziert, nur für die Kühlzeiten braucht's etwas Geduld.

ZUTATEN FÜR 1 SPRINGFORM (ca. 26–28 CM DURCHMESSER)

Brownieboden
150 g Zartbitterschokolade
5 Eier
100 g Zucker
250 g Butter
50 g Mehl (2 EL)
20 g Kakaopulver (2 EL)
5 g Backpulver (1 TL)

Mousse
700 g rote Johannisbeeren
(alternativ TK)
50 g Johannisbeersaft (aus roten
oder schwarzen Johannisbeeren)
120 g Zucker
200 g Joghurt
3 Pk. Sofortgelatine
300 g sehr kalte süße Sahne

Spiegel
500 ml Johannisbeersaft (aus roten
oder schwarzen Johannisbeeren)
2 EL Johannisbeersirup (optional;
alternativ 1 TL Zucker)
1 Pk. Sofortgelatine

ZUBEREITUNG

1

Für den Brownieboden den Boden der Springform mit Backpapier auslegen und den Backofen auf 160 °C Ober-/Unterhitze vorheizen. Die Schokolade bei niedriger Temperatur im Wasserbad schmelzen. Eier mit Zucker und Butter ca. 3 Minuten schaumig schlagen. Mehl, Kakao- und Backpulver zugeben und nur so lange verrühren, bis sich alle Zutaten gut vermischt haben. Den Teig in die Form füllen, glatt streichen und im Ofen 30 Minuten backen. Anschließend den Brownieboden auf einem Kuchengitter mindestens 30 Minuten abkühlen lassen. Dann den Boden auf einen flachen Teller stellen und einen Tortenring eng darum schließen (damit sich die Torte später einfach aus dem Ring löst, haben wir ihn innen mit Backpapier ausgelegt, zwischen dem Kuchen und dem Tortenring, ca. 10 cm hoch).

2

Für die Mousse frische Johannisbeeren waschen. Ein paar Rispen zum Garnieren beiseitestellen, die restlichen Beeren mit einer Gabel von den Rispen lösen und in einen Topf geben. Mit dem Johannisbeersaft ca. 5 Minuten leicht köcheln lassen. Anschließend die Mischung zuerst mixen und dann durch ein Sieb passieren (mit einem Hochleistungsmixer kann das Passieren übersprungen werden. Wer keinen Mixer hat, kann das Püree auch nur durch ein Sieb streichen. Wichtig ist, dass keine Kerne mehr im Püree sind). Zucker und Joghurt zum Püree geben, verrühren und auf Zimmertemperatur abkühlen lassen. Dann 2 Pk. Sofortgelatine einrühren.

3

Die restliche Sofortgelatine in die Sahne geben und schlagen, bis die Sahne steif ist. Das Johannisbeer-Joghurt-Püree vorsichtig unter die Sahne heben. Die Mousse auf dem Brownieboden verteilen und die Torte mindestens 2 Stunden kalt stellen.

4

Für den Spiegel den Johannisbeersaft mit dem Sirup so lange einköcheln, bis die Flüssigkeit etwa auf die Hälfte reduziert ist. Dann auf Zimmertemperatur abkühlen lassen. Anschließend die Sofortgelatine einrühren. Den Spiegel auf der Mousse verteilen. Die Torte mindestens 2–3 Stunden, besser über Nacht, kalt stellen und mit den Johannisbeerrispen dekorieren und servieren.

HABE ICH SELBSTGEMACHT

Wir sind Tina und Alex, die Blogger und kreativen Köpfe hinter dem Münchner Foodblog »habe ich selbstgemacht« (oder einfach »his«, wie wir liebevoll sagen). Bei uns findet man Hunderte köstlicher und doch meist einfacher Rezepte von Brot über Desserts und Kuchen bis hin zu liebevollen süßen und herzhaften Geschenkideen aus der Küche. Unsere Rezepte sind manchmal klassisch, vereinzelt außergewöhnlich, oft etwas gesünder, immer aber erprobt und lecker. Wir lieben es, neue Köstlichkeiten für unsere Leserschaft auszuprobieren, und unsere größte Motivation ist deren positives Feedback.

habe-ich-selbstgemacht.de   ⓘ habeichselbstgemacht   ⓟ selbstgemacht3

Fertig in 12 Minuten (ohne Kühlzeit) · Schwierigkeitsgrad 1

RAFFAELLO-EISTORTE MIT ANANAS

Diese Torte mit Raffaello-Kugeln und Ananas ist ganz fix und einfach zubereitet. Du benötigst nicht viele Zutaten, keine Eismaschine, und nach 10 Minuten steht das Törtchen schon wieder im Gefrierschrank und wartet darauf, vernascht zu werden. Die Eistorte ist eine tolle Alternative für Kuchen ohne Backen an heißen Tagen.

ZUTATEN FÜR 1 SPRINGFORM (16–18 CM DURCHMESSER)

Eistorte
1 l Vanilleeis (selbst gemacht
oder fertig gekauft)
200 g Butterkekse
125 g Butter
150 g Ananasstücke aus dem Glas
oder der Dose (abgetropft)
1 Pk. Raffaello-Kugeln (ca. 22 Stück, 230 g)

Zum Anrichten
5 sehr dünn geschnittene Scheiben Ananas
(mit einem scharfen Messer geschnitten)
3–5 Raffaello-Kugeln (1 kleine Pk.)
Frische Minze

ZUBEREITUNG

1

Das Vanilleeis etwas antauen lassen. Die Kekse in einem Mixer grob mahlen (alternativ in einen Gefrierbeutel geben und mit dem Nudelholz oder einem anderen schweren Gegenstand daraufklopfen und zerkleinern). Die Butter schmelzen, mit den Keksen vermengen und als Tortenboden in der mit Backpapier ausgelegten Springform festdrücken. Den Boden in den Kühlschrank stellen, bis er fest geworden ist.

2

Die Ananasstücke in noch kleinere Stücke schneiden. Die Raffaello-Kugeln mit einer Gabel etwas zerdrücken. Das Vanilleeis mit den Ananasstücken und Raffaellos vermengen und auf dem Tortenboden verteilen. Die Torte im Gefrierschrank mindestens 2 Stunden oder besser über Nacht durchkühlen lassen.

3

Zum Anrichten die Ananasscheiben von der Schale befreien und auf Küchenpapier abtropfen lassen. Auf einem Küchenpapier oder Backpapier im Backofen bei 50 °C Ober-/Unterhitze ca. 1 Stunde trocknen lassen. Dann die Ananasscheiben in eine Mini-Muffinform geben und weitere 4 Stunden im Ofen trocknen lassen, dabei immer mal wieder prüfen, dass die Scheiben nicht bräunen; ggf. ein Backpapier darübergeben. Anschließend die so entstandenen „Ananasrosen" in einem offenen Behälter über Nacht vollständig trocknen lassen.

4

Die Torte vor dem Servieren mit Raffaello-Kugeln, Ananasrosen und Minze verzieren.

HABE ICH SELBSTGEMACHT

Wir sind Tina und Alex, die Blogger und kreativen Köpfe hinter dem Münchner Foodblog »habe ich selbstgemacht« (oder einfach »his«, wie wir liebevoll sagen). Bei uns findet man Hunderte köstliche und doch meist einfacher Rezepte von Brot über Desserts und Kuchen bis hin zu liebevollen süßen und herzhaften Geschenkideen aus der Küche. Unsere Rezepte sind manchmal klassisch, vereinzelt außergewöhnlich, oft etwas gesünder, immer aber erprobt und lecker. Wir lieben es, neue Köstlichkeiten für unsere Leserschaft auszuprobieren, und unsere größte Motivation ist deren positives Feedback.

habe-ich-selbstgemacht.de ⌾ habeichselbstgemacht ⌾ selbstgemacht3

Fertig in 60 Minuten (ohne Kühlzeit) – Schwierigkeitsgrad 2

PFIRSICH-MELBA-TORTE

Diese Torte macht Lust auf Sommer, Sonne und mehr ...

ZUTATEN FÜR 1 SPRINGFORM (22 CM DURCHMESSER)

100 g Butter
150 g Butterkekse
500 g TK-Himbeeren, aufgetaut
1 Dose Pfirsiche (850 ml), abgetropft
12 Blatt Gelatine
600 g süße Sahne
75 g Zucker
400 g Crème fraîche
1 Pk. Bourbon-Vanillezucker
Weiße Schokoladenraspel
Ruby-Schokoherzen

ZUBEREITUNG

1

Die Butter in einem Topf schmelzen und kurz abkühlen lassen. Die Kekse ganz fein zerbröseln und mit der flüssigen Butter vermengen. Die Springform mit Backpapier auslegen, die Masse daraufgeben und gut zu einem flachen Tortenboden drücken (am besten mit dem Boden eines Glases). Die Form für ca. 30 Minuten in den Kühlschrank stellen.

2

Die Himbeeren durch ein Sieb streichen. 1–2 Pfirsichhälften beiseitestellen, den Rest pürieren. Gelatine in kaltem Wasser einweichen. 500 g Sahne steif schlagen, den Zucker und die Crème fraîche zugeben und gut cremig vermengen. 500 g Creme abwiegen, den Rest kalt stellen.

3

4 Blatt Gelatine ausdrücken und in einem Topf bei niedriger Temperatur auflösen. Die Hälfte der Himbeeren nach und nach unter die Gelatine im Topf rühren. 1 EL der abgewogenen Creme hinzufügen, vermengen, dann die restliche abgewogene Creme zugeben. Die Himbeercreme auf dem Tortenboden verteilen und wieder kalt stellen.

4

2 Blatt Gelatine ausdrücken, ebenso im Topf auflösen und die restlichen Himbeeren zugeben.

Den Vanillezucker unterrühren. Die Himbeergelatine kurz abkühlen lassen, dann vorsichtig auf der Creme in der Form verteilen und mindestens 30 Minuten nochmals kalt stellen.

5

4 Blatt Gelatine ausdrücken, ebenso im Kochtopf auflösen und 200 g des Pfirsichpürees unterrühren. Etwas von der kalt gestellten Creme unterrühren, anschließend alles unter die restliche kalt gestellte Creme rühren. Die Mischung in die Form geben, vorsichtig glatt streichen und erneut kalt stellen.

6

Die letzten 2 Blatt Gelatine ausdrücken, ebenso im Kochtopf auflösen und das übrige Pfirsichpüree unterrühren. Die Mischung abkühlen lassen, dann vorsichtig auf der Creme verteilen und die Torte mindestens 4 Stunden erneut kalt stellen.

7

Dann die Torte vorsichtig aus der Form lösen. Die übrige Sahne steif schlagen, in einen Spritzbeutel mit kleiner Rosentülle füllen und die Torte damit garnieren. Die beiseitegestellten Pfirsichhälften in kleine Stückchen oder Streifen schneiden. Die Torte damit, mit Schokoladenraspeln sowie Ruby-Herzchen verzieren und servieren.

NASCHUNDHAUSGLUECK.TANJA

Mein Name ist Tanja, ich bin 25 Jahre alt und komme aus dem wunderschönen Niederbayern. Ich bin Hobbyfotografin, esse für mein Leben gerne Kuchen, und durch meinen Foodblog auf Instagram ist meine Liebe zum Backen und Kochen sogar noch größer geworden. Bei »naschundhausglueck.tanja« findet man einerseits einfache und schnelle, andererseits aufwendige und ausgefallene Kreationen. Ich kann mich nie stur an Rezepte halten und wandle sie immer nach meinem eigenen Geschmack ab. Daher bieten die Rezepte auf meinem Instagram-Blog auch stets tollen Spielraum für die eigenen Ideen und Kreationen meiner Leser.

naschundhausglueck.tanja   naschundhausglück.tanja

Dieses Rezept
findest du auf
S. 216.

DRINKS & GETRÄNKE

Lehn dich zurück, nimm einen Schluck und entspann dich ein wenig.
Ein guter Drink bedeutet immer auch, sich diesen kleinen Moment des Genusses zu nehmen.
Das schmeckt nicht nur klasse, es versorgt unseren Körper zudem mit Flüssigkeit.
Und *stay hydrated* tönt es ja bereits seit Jahren aus den Mündern der Topmodels dieser Welt.
Ein leckerer Tee oder ein erfrischender Smoothie machen das *stay hydrated* so viel leichter.
Ein feiner Cocktail hingegen bringt dazu noch Stimmung in die Runde –
und macht garantiert Eindruck bei der Party.

Fertig in 10 Minuten – Schwierigkeitsgrad 1

KARAMELL-POPCORN-MILCHSHAKE

Für den gemütlichen Filmabend zu Hause ist dieser Popcorn-Milchshake mit Vanilleeis und Karamell perfekt. Schnell und unkompliziert zubereitet und unheimlich lecker.

ZUTATEN FÜR 2 GLÄSER

300 ml Vanilleeis
300 ml kalte Milch
2 TL Vanillezucker
2 EL Karamellsauce
Karamellpopcorn (fertig gekauft oder selbst gemacht) zum Garnieren

ZUBEREITUNG

1

Die Gläser für den Milchshake in den Gefrierschrank stellen.

2

Sobald die Gläser gut gekühlt sind, das Vanilleeis, die Milch und den Vanillezucker in den Mixer geben und gründlich mixen.

3

Die Gläser aus dem Gefrierschrank nehmen und die Innenseite der Gläser mit je 1 EL Karamellsauce beträufeln. Den Milchshake in die Gläser füllen und mit Popcorn garniert servieren.

CLOEDIS_SWEET_CORNER

Ich heiße Claudia, Spitznamen: Clödi oder Claudi. Mein Hobby ist es, meine selbst gebackenen Sachen zu fotografieren; und da die hauptsächlich süß sind, auch der Name meines Blogs »cloedis_sweet_corner« auf Instagram. Langsam finde ich außerdem Gefallen daran, auch herzhaften Speisen zu fotografieren (sie zu essen sowieso). Es macht immer mehr Spaß, und daher findet sich nun auch Salziges und Pikantes auf meinem Foodblog auf Instagram.

cloedis_sweet_corner

Fertig in 80 Minuten – Schwierigkeitsgrad 1

SEKTGEPIMPTES MELONENSORBET

Sorbet mit Zuckermelone aus der Eismaschine, aufgegossen mit Sekt und Minze.

ZUTATEN FÜR 4 PERSONEN

Sorbet
200 g Zucker
200 ml Wasser
1 Zuckermelone (alternativ Galia-, Netz-, oder Honigmelone)
1 Bio-Zitrone, Saft und Schale

Zum Anrichten
1 Limette zum Servieren
Etwas frische Minze oder Zitronenthymian
1 Flasche Sekt oder 1 Flasche eiskalte Zitronenlimonade

ZUBEREITUNG

1

Zucker und Wasser aufkochen. Zitronensaft und Zitronenschale zufügen und rühren, bis sich der Zucker komplett aufgelöst hat. Danach abkühlen lassen.

2

Melone halbieren und Kerne entfernen. Mit einem Kugelausstecher ein paar Melonenbällchen ausstechen und ins Eisfach legen. Das restliche Melonenfruchtfleisch erst in kleine Stücke schneiden, dann pürieren und zum abgekühlten Zuckerwasser geben. In der Eismaschine fest werden lassen (ca. 30 Minuten, je nach Gerät)

3

Anschließend im Eisfach noch fester werden lassen.

4

Je Glas 1–2 Nocken vom Sorbet und ein paar eisgekühlte Melonenkugeln mit kaltem Sekt oder der Limo auffüllen. Mit den Limettenscheiben und eventuell mit Kräutern dekorieren und genießen!

ZIMTKRINGEL

Mein Name ist Simone, und ich bin eine 52-jährige Bloggerin, Buchhändlerin, Freizeitköchin, Kochbuchsammlerin und Seltsame-Dinge-Ausprobiererin. Mein Blog »zimtkringel« kommt aus dem Herzen des Schwabenlandes. So findet man bei mir regionale Spezialitäten, aber auch Rezepte aus aller Welt, Kochbuchvorstellungen und Berichte über Foodmessen, Manufakturen und Foodmenschen. Ich schreibe über Dinge, die mir Spaß machen – und ja, Kochen, Backen und Essen machen mir großen Spaß!

zimtkringel.org zimtkringels zimtkringel

Fertig in 25 Minuten – Schwierigkeitsgrad 1

WARMER APFELKUCHEN-SMOOTHIE

Der warme Apfelkuchen-Smoothie ist pures Soulfood und für mich eine perfekte Kombi. Cremig, aber nicht so schwer und mit einer leichten Säure durch die Äpfel.

ZUTATEN FÜR 2 PERSONEN

2 leicht säuerliche Äpfel (wer es lieber süß mag, nimmt süße Äpfel)
300 g Soja-Joghurt natur
2–3 EL Agavendicksaft
6 Mandeln
½ TL Zimtpulver

Zum Anrichten nach Wahl (optional)
Keksbrösel
Gehackte Mandeln
Zimtpulver

ZUBEREITUNG

1
Die Äpfel waschen, putzen und in kleine Stücke schneiden. Mit dem Soja-Joghurt, dem Agavendicksaft und den Mandeln in einem Mixer zu einem Smoothie pürieren. Mit dem Zimtpulver abschmecken.

2
Den Smoothie noch einmal gut verrühren. Dann entweder kurz zum leichten Erwärmen in die Mikrowelle stellen oder in einen kleinen Topf geben und bei niedriger Temperatur leicht erwärmen.

3
Den Smoothie in 2 Tassen füllen. Optional mit Keksbröseln, gehackten Mandeln und/oder Zimt verfeinern und servieren.

IHANA.LIFE

Ich bin Tanja, wohne in der Nähe von Stuttgart und arbeite als Redakteurin. Ich liebe es, zu fotografieren, zu reisen und zu bloggen, mich für die Recht der Tiere einzusetzen und den Menschen zu zeigen, wie einfach und bereichernd eine vegane Lebensweise ist. Auf meinem Blogazine »ihana.life« sieht meine Leserschaft, was mich bewegt und inspiriert, was mir schmeckt und was mir Spaß macht – denn die vegane Welt ist eine spannende. Eine Welt voller Überraschungen, toller Menschen und Tiere, die eine Menge zu erzählen haben.

ihana.life ihana_life ihana.life

Fertig in 15 Minuten – Schwierigkeitsgrad 1

ERDBEER-MONSTERSHAKE

Liebst du Milchshakes und hast gleichzeitig Lust auf Eis, Donuts und frische Erdbeeren? Dann ist mein Erdbeer-Monstershake genau das Richtige für dich.

ZUTATEN FÜR 4 GLÄSER

Erdbeershake
450 g Erdbeeren
½ reife Banane
4 Kugeln Vanilleeis
300 ml kalte Milch
1 TL Zitronensaft
1 TL Vanilleextrakt

Erdbeer-Spieße
12 Erdbeeren
4 Schaschlikspieße

Zum Anrichten
250 g süße Sahne (möglichst frisch)
1 Pk. Sahnesteif (optional)
1 Pk. Vanillezucker (optional)
4 Kugeln Vanilleeis
Erdbeerpüree (selbst gemacht
oder fertig gekauft)
4 Strohhalme
4 Erdbeer-Donuts
Zuckerherzen nach Wahl zum Garnieren

ZUBEREITUNG

1

Die Gläser in den Gefrierschrank stellen (damit der Milchshake nachher schön kühl bleibt). Alle Erdbeeren waschen.

2

Für den Erdbeershake die Erdbeeren gut trocken tupfen und putzen. Die halbe Banane schälen und in Scheiben schneiden. Mit den restlichen Zutaten im Standmixer oder mit dem Pürierstab pürieren. Den Erdbeershake bis zur Verwendung in den Kühlschrank stellen.

3

Für die Erdbeer-Spieße jeweils 3 Erdbeeren auf die Schaschlikspieße stecken.

4

Zum Anrichten die Sahne mit dem Mixer steif schlagen oder einen Sahnesprüher verwenden. Wer die Sahne etwas fester haben möchte, optional Sahnesteif hinzufügen; wer sie süßer haben will, optional Vanillezucker zugeben (ich habe weder Sahnesteif noch Zucker verwendet).

5

Jeweils eine Eiskugel in ein gekühltes Glas geben, Erdbeerpüree mit einem Löffel am Rand des Glases herunterlaufen lassen. Erdbeershake in das Glas gießen. In jedes Glas einen Erdbeerspieß und einen Strohhalm geben. Einen Donut auf jedes Glas legen. Jeweils die Sahne obenauf sprühen und den Monstershake mit Zuckerherzen garnieren.

LABSALLIEBE

Ich bin Susan, die Frau hinter den Berichten und Fotografien auf dem Blog »Labsalliebe« und schreibe mit viel orientalischem Herzblut über Food, Travel und Lifestyle. Ich bin ein lockenköpfiges Kind zweier Kulturen. Meine Mutter ist Deutsche und mein Vater Perser. In Teheran wurde ich geboren und bin bis zu meinem 14. Lebensjahr dort aufgewachsen. Seit über 40 Jahren lebe ich nun in Deutschland und arbeite seit 18 Jahren als selbstständige Heilpraktikerin in eigener Praxis. Ich bin Mutter von drei wundervollen Kindern, die mich inspiriert haben, ein bewusstes Leben zu führen.

labsalliebe.com ◎ labsalliebe ⑫ labsalliebe/_created

Fertig in 10 Minuten – Schwierigkeitsgrad 1

GOLDENE-MILCH-LATTE

**Der geschmacksvolle Goldene-Milch-Latte
mit seiner tollen Gewürzmischung ist perfekt für Herbsttage –
er wärmt so schön von innen.**

ZUTATEN FÜR 1 BECHER (ca. 250 ML)

10 g Ingwer
250 ml ungesüßte Mandelmilch
1 TL Zimtpulver
½ TL grob gemahlener Kardamom
¼ TL schwarzer Pfeffer
1 TL Kurkumapulver
2 TL Agavensirup (optional)

Zum Anrichten
50 g vegane Sahne
1 Prise Zimtpulver
1 Prise gemahlener Kardamom
10 g Agavensirup

ZUBEREITUNG

1

Den Ingwer schälen und raspeln. Die Milch mit dem Ingwer und den Gewürzen in einem Topf erwärmen und ca. 10 Minuten ziehen lassen. Agavensirup dazugeben und nochmals umrühren. Anschließend die Milch durch ein feines Sieb geben.

2

Zum Anrichten die Sahne aufschlagen. Die Milch damit garnieren, mit Zimt und Kardamom bestreuen und sofort servieren.

NIEMI

Ich heiße Laura, komme aus Finnland und bin leidenschaftliche Patissière. Ich habe mich schon immer für die Patisserie/Backen begeistert, beschloss dann, dies zu meinem Beruf zu machen, und bin vor acht Jahren in die schöne Schweiz gezogen, um die Patisseriewelt dort zu entdecken. Ich liebe es, neue Rezepte zu entwickeln, die mich inspirieren, begeistern, motivieren und vor allem Spaß machen. Deshalb habe ich meinen Blog »NIEMI« kreiert, auf dem ich all meine Rezepte mit anderen teilen kann, vom Beginner bis zum Profi. Ich gebe mein Know-how gerne weiter und hoffe, damit andere zum Backen zu inspirieren.

niemi.ch ◉ niemi.ch ⓟ chniemich

Fertig in 30 Minuten – Schwierigkeitsgrad 1

KOKOS-PISTAZIEN-LATTE-MACCHIATO

Cremiger Latte Macchiato mit Kokosdrink und Pistaziensirup – perfekt für jede Jahreszeit und auch prima als Iced Latte.

ZUTATEN FÜR 1 PERSON bzw. 1 GLAS MIT MINDESTENS 400 ML FASSUNGSVERMÖGEN

Pistaziensirup
50 g Pistazien
200 g Zucker

Kokos-Pistazien-Latte-Macchiato
250 ml gekühlter Soya-Barista-Kokos-Drink (Natumi)
Pistaziensirup, aus dem Kühlschrank
50 ml Espresso, Mokka oder
sehr starker Kaffee nach Wahl

ZUBEREITUNG

1

Die Pistazien in 200 ml heißes Wasser geben und 30 Minuten ziehen lassen. Dann durch ein Sieb abgießen und in den Standmixer geben. 200 ml heißes Wasser hinzugießen und alles gut durchmixen. Die Masse in ein Glas umfüllen und 2 Stunden ziehen lassen. Danach durch ein feines Sieb streichen und in einen kleinen Topf geben. Den Zucker hinzufügen und alles bei niedriger Temperatur erwärmen, bis sich der Zucker aufgelöst hat (wichtig: nicht aufkochen lassen!). Dann den Pistaziensirup bis zur Weiterverwendung in den Kühlschrank stellen.

2

Soya Barista Kokos gut schütteln und aufschäumen, dabei je nachdem, welches Aufschäumsystem benutzt wird, den Drink vorher auf 60 °C erwärmen und dann aufschäumen (ich habe einen Induktions-Milchaufschäumer, der macht alles von allein).

3

50 ml des kalten Pistaziensirups abmessen (den Rest, ca. 150 ml, anderweitig verwenden) und in das Glas geben. Mit dem aufgeschäumten Pflanzendrink vorsichtig auffüllen, das geht am besten, wenn man den Drink über die Rückseite eines Esslöffels langsam in das Glas laufen lässt. Dann möglichst viel Schaum darauf verteilen.

4

Zuletzt alles mit dem Espresso, Mokka oder Kaffee auffüllen und den Latte servieren.

NOM NOMS FOOD

Auf meinem Foodblog »Nom Noms food« koche und backe seit über neun Jahren köstliche vegetarische und vegane Rezepte, egal ob süß oder salzig. Ich liebe die einfachen Rezepte, die aber auf dem Teller etwas hermachen. Denn Gäste bewirten macht mir Spaß, aber ich möchte auch mit ihnen Zeit verbringen und nicht nur in der Küche stehen. Garantiert lecker! Da vermisst niemand etwas.

nom-noms.de ⊙ nomnomsfood_jana ⊙ nomnoms_jana

Fertig in 40 Minuten – Schwierigkeitsgrad 1

RHABARBER-ERDBEER-SIRUP

Ein wunderbar fruchtiger Rhabarber-Erdbeer-Sirup, ideal zum Verfeinern von Getränken.

ZUTATEN FÜR 2 FLASCHEN à 330 ML

500 g Rhabarber
250 g Erdbeeren
1 Stück Ingwer (3 cm)
200 g Zucker

ZUBEREITUNG

1

Den Rhabarber und die Erdbeeren waschen, putzen und grob zerkleinern. Den Ingwer schälen, klein würfeln und mit Rhabarber, Erdbeeren, Zucker und 300 ml Wasser in einen Topf geben. Alles zum Kochen bringen und anschließend 25 Minuten leicht sprudelnd kochen lassen.

2

Dann die Mischung pürieren, durch ein Sieb gießen, heiß in saubere Flaschen füllen und gut verschließen. Der Sirup hält sich im Kühlschrank mindestens 2 Wochen.

SCHLEMMERKATZE

Ich heiße Katharina (Cat) und bin 41 Jahre alt. Im echten Leben bin ich Polizeibeamtin – und im Netz blogge ich seit 2014 als »Schlemmerkatze«. Dabei schlägt mein Herz vor allem für Pasta und für meine neue Leidenschaft: das Brotbacken. Ich liebe es, mit frischen Lebensmitteln zu kochen, und freue mich, andere Menschen mit leckerem Essen glücklich zu machen. Und die Rezepte mit meiner Leserschaft zu teilen!

schlemmerkatze.de ⓘ schlemmerkatze ⓕ Schlemmerkatze

PRODUKTE DES JAHRES

LIKEMEAT CHICKEN AUS SOJA

Immer mehr Menschen ernähren sich inzwischen viel bewusster und verzichten gern grundsätzlich oder auch ein paar Mal in der Woche bewusst auf Fleisch und tierische Produkte. Viele Menschen haben längst verstanden, dass Verzicht auf Fleisch längst keinen Verzicht auf Genuss mehr bedeuten muss.

Like Chicken der Firma LikeMeat ist da das perfekte Beispiel: Für das falsche Hühnchen auf Basis Bio-Soja muss weder ein echtes Hühnchen seine Federn lassen, noch wird der Regenwald abgeholzt. Stattdessen liefert das LikeMeat Chicken pflanzliche Proteine, Ballaststoffe und einen Geschmack, der garantiert auch Fleischliebhaber begeistert. Obendrein ist Like Chicken einfach super lecker. Man kann es beispielsweise einfach mit etwas Knoblauch, Zitronen und Petersilie scharf anbraten oder aber on top zu einem Salat genießen. In einem fruchtig-scharfen Curry wird endgültig niemand glauben, dass es sich nicht um echtes Hähnchen handelt. Und das ganz ohne Sorge, dass es etwa nicht durch sein könnte, ohne es vorher präparieren zu müssen und ohne Tierleid. Einfach nur richtig guter Geschmack. Das rein pflanzliche Produkt kommt ohne Gluten, Gentechnik und künstliche Zusatzstoffe aus; das ist nicht nur gut für Genießer, sondern kommt auch der Umwelt zugute. Und weil Nachhaltigkeit erklärtes Firmenziel ist, besteht zudem die ganze Verpackung aus recyceltem Material.

PRODUKTINFOS:

Niederlande
2018
2,99 €

Livekindly Germany GmbH
Kaistraße 5
40221 Düsseldorf

www.likemeat.com/de

KIKARI EIERLIKÖR

Er ist cremig, zart schmelzend und garantiert nicht nur zu Ostern ein echter Hit. Und doch haftet ihm bis heute ein leicht angestaubtes Image älterer Damen an. Völlig zu Unrecht! Vor allem dann, wenn er sich als Kikari Eierlikör richtig in Schale geworfen hat! Der Eierlikör mit Auszügen frischer Orangen und Minze überrascht dabei mit einer angenehmen Frisch und überzeugt so garantiert nicht nur Fans des alten Klassikers, sondern auch jene, die sich bisher noch nicht so richtig mit Eierlikör anfreunden konnten. Und noch etwas überzeugt: Der Kikari Eierlikör wird in Heide in Schleswig-Holstein mit Bio-Eiern aus Kreislaufwirtschaft mit Bruderhahn-Aufzucht hergestellt. Während die meisten Konsumenten beim Eier-Kauf inzwischen durchaus auf die Qualität der Eier achten, ist das Bewusstsein bei verarbeiteten Produkten bisher weniger groß. Oft kommen für verarbeitete Ei-Produkte billige Eier aus Käfighaltung oder dem Ausland zum Einsatz – unschön. Nicht nur für Verbraucher, sondern vor allem für die Legehennen.

Der Kikari Eierlikör demonstriert, dass es anders geht, und übernimmt Verantwortung; damit entstaubt Kikari mal eben das gesamte Image des Eierlikörs – und verpasst dem Klassiker einen Frischekick. Hinsichtlich seines Geschmacks und der eigenen Verantwortung.

PRODUKTINFOS:

Deutschland
2021
22,90 € (500 ml)

EZ Fürstenhof GmbH
Fürstenhof 15
17179 Finkenthal

www.kikari.de/

HAEHNLEIN BIO-CHICKEN-PFANNE

Vielleicht war es ein langer, anstrengender Tag. Vielleicht ist einfach gerade keine Inspiration vorhanden, oder das Kochen gelingt (noch) nicht so richtig gut. Vielleicht hat man auch einfach weder die Zeit noch die Lust, zu kochen. In solchen Fällen ist ein Fertiggericht die Rettung. Schön aber, wenn es trotzdem einiges an gesunden Inhalts- und Nährstoffen mitbringt statt Tonnen an Fett, Salz und Zucker – und Bio-Qualität wäre auch schön.

Da sind die Bio-Pulled-Chicken-Pfannen von Haehnlein genau das Richtige! Die leckeren Fertiggerichte wahlweise mit Kartoffelspalten, Möhren und Bohnen in einer cremigen Sauce oder aber die Reispfanne mit Paprika und Zwiebeln stehen in nur zehn Minuten auf dem Tisch. Die Pulled-Chicken-Pfannen gelingen garantiert und schmecken genauso lecker wie selbst gekocht. Als ob das nicht schon toll genug wäre, ist das Haehnlein-Fleisch auch noch ganz besonders: Das Biofleisch stammt vom Bruderhahn aus nachhaltiger und regionaler Kreislaufwirtschaft. Leider gibt es für männliche Küken in der heutigen Hühnerzucht häufig keinerlei Verwendung, weshalb sie oft direkt nach dem Schlupf getötet werden. Die Marke Haehnlein findet diese Praxis falsch. Deshalb werden die Brüderhähne hier ebenfalls liebevoll aufgezogen und wachsen mit viel Platz und Auslauf in Niedersachsen zu stattlichen Hähnen heran. Dort werden sie mit biologischem Futter aus eigenem Anbau gefüttert und später regional verarbeitet. Bis heute ist Haehnlein eine gute und nachahmenswerte Ausnahme.

PRODUKTINFOS:

Deutschland
2018
4,99 €

EZ Fürstenhof GmbH
Fürstenhof 15
17179 Finkenthal

www.bio-haehnlein.de/

HAEHNLEIN BOLOGNESE SAUCE

Sie ist die absolute Leibspeise vieler kleiner und großer Pasta-Fans. Ihr einzigartiges Aroma aus fruchtigen Tomaten, würzigen Kräutern wie Oregano, Thymian und Knoblauch und herzhaftem Hackfleisch begeistert seit jeher Klein sowie Groß. Die Rede ist natürlich der guten alten Bolognese. Nach einem langen, anstrengenden Tag spendet sie Trost, ebenso wie an dunklen Winterabenden, denen sie einen Hauch sonniger Italienwärme verleiht. Die Bruderhahn Bolognese verschönert aber nicht nur großen und kleinen Genießer den Tag. Da das Bio-Fleisch vom Bruderhahn stammt, trägt es zudem zu einer nachhaltigeren Vorgehensweise in der Hühnerzucht bei. Die Hähne werden nicht direkt nach dem Schlupf getötet, sondern dürfen unter Tierwohlaspekten mit viel Platz und Bewegung aufwachsen. Ihr Fleisch wird später regional und nachhaltig mit viel Handarbeit verarbeitet und dann etwa zu der lecker fruchtigen Bruderhahn Bolognese gemengt. Nicht nur zu Spaghetti ist die Sauce klasse, sie schmeckt auch auf Pizza oder beispielsweise als leckere und gesunde Sauce für Bowls. Bolo geht einfach immer. Perfekt, wenn es mal schnell gehen muss und fürs Kochen einfach keine Zeit und Lust ist, aber es trotzdem gesund sein soll. Einfach Haehnlein Bolognese aufschrauben, aufwärmen und genießen.

PRODUKTINFOS:

Deutschland
2020
4,49 €

EZ Fürstenhof GmbH
Fürstenhof 15
17179 Finkenthal

www.bio-haehnlein.de/

HAEHNLEIN POWER MAMPFER

Na, mal wieder aufm Sprung? Direkt vom Büro weiter zum Sport? Oder darf es ein kleiner Snack für die Schulpause sein? Der Powermampfer Hahnlein ist in jedem Fall die perfekte Proviantbegleitung im Alltag. Mit ihm kann man nicht nur den kleinen Hunger stillen, sondern weiß auch, dass man ein biologisches und nachhaltiges Lebensmittel mit Verantwortung zu sich nimmt.

Perfekt ist die Hähnchen Snack-Salami auch für alle, die – aus welchen Gründen auch immer – lieber auf Schwein und Rind verzichten. Für die Haehnlein Snack-Salami kommt nämlich lediglich Fleisch von Bio-Bruderhähnen zum Einsatz. Bei Haehnlein werden auch die Bruderhähne schonend und langsam unter Tierwohlaspekten aufgezogen und führen ein Leben mit ordentlich Platz und Bewegung. Auch die Verarbeitung der Bruderhähne richtet sich nach nachhaltigen Aspekten, denn von den Tieren wird kein Teil verschwendet und weggeworfen. Während sich viele nämlich „nur die Filetstücke herauspicken", werden die Powermampfer aus den saftigen Keulen der Bruderhähne produziert, dessen Zubereitung viele Menschen sich nicht zutrauen. Das hochwertige Fleisch ist fettarm und mit 33 % eine gute Proteinquelle, die vom Körper gut aufgenommen wird. Die Haehnlein Power Mampfer Salamipasst übrigens nicht nur super als Snack zwischendurch, sie schmeckt auch super gewürfelt on top eines knackigen Salats.

PRODUKTINFOS:

Deutschland
2018
0,99 €

EZ Fürstenhof GmbH
Fürstenhof 15
17179 Finkenthal

www.bio-haehnlein.de/

10ER BIO-EIER

Das Ei ist ein echter Alleskönner in der Küche. Nicht nur enthalten Eier wertvolle Proteine, Vitamine und Spurenelemente – sie machen darüber hinaus satt und verleihen vielen Gerichten eine gute Textur, Bindung oder den letzten Schliff. Da ergibt es einfach Sinn, immer ein paar Eier zum Kochen, Backen, Braten, Pochieren und Co. parat zu haben.

Auch wenn Farbe und Größe eher eine untergeordnete Rolle spielen: Bio-Eier sind einfach Ehrensache – allein den Hühnern zuliebe. Leider allerdings werden die männlichen Küken in vielen Betrieben direkt nach dem Schlüpfen getötet. Ihre Aufzucht lohne sich rein wirtschaftlich nicht. Bei Haehnlein allerdings ist das anders! Bereits seit 2012 zieht das Unternehmen nicht nur die Hennen, sondern auch die Bruderhähne auf und rettet damit jedes Jahr Millionen Küken. Hennen und Hähne fressen auf den Haehnlein-Betrieben Bio-Futter aus Eigenproduktion und erhalten viel Platz und Auslauf, denn Haehnlein legt viel Wert aufs Tierwohl. Die Bauerhöfe in Mecklenburg-Vorpommern, Niedersachsen und Brandenburg agieren nachhaltig, transparent und ressourcenschonend in landwirtschaftlichen Kreislaufsystemen. Die Haehnlein-Eier direkt vom Bauern gibt es jetzt endlich auch im 10er Pack. So bekommt beim großen Familienfrühstück jeder ein Fünf-Minuten-Ei zum Frühstück ab, ein Omelett, zwei Spiegeleier oder, oder …

PRODUKTINFOS:

Deutschland
2021
4,29 €

EZ Fürstenhof GmbH
Fürstenhof 15
17179 Finkenthal

www.bio-haehnlein.de/

HAEHNLEIN HACKFLEISCH

Hackfleisch macht einfach viele Lieblingsgerichte noch besser, leckerer und nahrhafter. Köstliche Buletten, die heiß geliebte Bolognese, ein Auflauf mit viel frischem Gemüse oder ein wärmendes Chili con Carne… fast undenkbar ohne Hackfleisch.

Dabei verzichten jedoch inzwischen immer mehr Menschen bewusst auf den Konsum von Rind- und Schweinefleisch – oder möchten diesen zumindest verringern. Gründe dafür gibt es viele; Nachhaltigkeit und Gesundheit sind nur zwei von ihnen. Doch Verzicht auf rotes Fleisch muss keineswegs Verzicht auf Genuss bedeuten. Das Bio-Bruderhahn-Hackfleisch aus nachhaltiger und regionaler Produktion ist da genau die richtige Alternative. Dabei wird für das Haehnlein Bio-Hackfleisch vor allem das Fleisch aus den Keulen verwertet, an das sich viele Verbraucher heutzutage nicht herantrauen und stattdessen lieber zum Filet greifen. Das Bruderhahnfleisch stammt von kleinen und nachhaltig agierenden Höfen aus Norddeutschland, auf denen auch die männlichen Küken der Ei-Produktion aufgezogen werden. Die Hähne werden mit viel Platz und Bewegung schonend und langsam unter Tierwohlaspekten erwachsen und später zu hochwertigem Bio-Hackfleisch verarbeitet.

PRODUKTINFOS:

Deutschland
2020
4,49 € (250g)

EZ Fürstenhof GmbH
Fürstenhof 15
17179 Finkenthal

www.bio-haehnlein.de/

RITUS SMART COOKER

Mit dem Digitalen Chefkoch der Marke Ritus zieht die Zukunft in die eigene Küche ein. Schon sein modernes Design – die stromlinienförmige Apparatur, seine graue Farbe, orangefarbene Details und ein großes Display – zeugt von technischer Expertise allerhöchster Güte. Künstliche Intelligenz verleiht dem Digitalen Küchenchef jene Expertise und ermöglicht die Kommunikation mit dem Gerät über eine intelligente Sprachsteuerung. Und der Digitale Küchenchef für die eigene Küche kann wirklich alles: Hochwertiges Zubehör wie Mixer, Schneebesen, Teigrührer oder Hackmesser aus chirurgischem Edelstahl gart und rührt, knetet und kocht – all das ist für den Ritus Food Mixer eine Leichtigkeit. So gelingt eine Riesenauswahl leckerer und gesunder Rezepte auf Knopfdruck. Dank Bluetooth verbindet sich die KI des Food Mixers mit einer cloudbasierten Rezeptdatenbank. Die interaktive Videoanleitung sorgt dafür, dass auch komplizierte Gerichte im Nu gelingen. Die KI leitet dank der Sprachsteuerung ganz easy durch die einzelnen Rezeptschritte, die über das Touch-Display zusätzlich nachvollzogen werden kann. Ein leichtes Abendessen aus gedämpftem Gemüse, Hühnchen und Reis etwa gelingt dank des eingebauten Dampfkorbes aus hochwertigem Edelstahl ebenso einfach wie eine leckere Pizza mit hausgemachtem Teig und einer fruchtigen Tomatensugo. Oder auch mal eine riesigeTorte zum Geburtstag.

PRODUKTINFOS:

Schweiz/China
2021
2.000,00 €

Ritus (shenzhen) Trading Co., Ltd
Qinghu Road, Qinghua Zone, Longhua Street,
Room 2007–2008, Floor 20, Shangmei Center building,
Longhua District, Shenzhen, Guangdong, P.R.China Longhua District, Shenzhen, Guangdong

www.ritusmix.com

RITUS SMART DOCK

Ein vollwertiges Mahl ist nicht nur gut für den Körper. Das Ritual gemeinsam ein frisch zubereitetes Essen aus guten Zutaten zu genießen, kann eine wertvolle Gewohnheit in unserem sonst so stressigen Alltag sein. Doch wer hat heutzutage schon die Zeit und Muße, sich jeden Tag selbst an den Herd zu stellen? Ein Glück, wenn man in seinem Alltag von Ritus unterstützt wird. Der RT10 Smart Cooker als intelligenter Kochkumpel ist die perfekte Ergänzung für den Food Mixer von Ritus. Der Multifunktions-Kochautomat bringt mit seinen leuchtend orangenen Zierelementen bereits optisch die Zukunft in die heimische Küche. Nicht nur das moderne und hochwertige Design verbindet den Smart Cooker von Ritus mit dem Digitalen Chefkoch: beide Geräte kommunizieren miteinander über eine Cloud. Während im Food Mixer Mahlzeiten zusammengemixt werden, übernimmt der Smart Cooker dank seiner diversen Hauptfunktionen wie dämpfen, rühren, kochen und kneten eigenständig das Garen. Das genaue Temperaturkontrollsystem sorgt dabei für köstlichen Geschmack und die gewünschte Konsistenz: ob perfekter Reis, lufitg-lockerer Teig oder knackig-frisches Gemüse. Das extra großes Display sowie die interaktive und digitale Steuerung halten eine riesige Auswahl gesunder und leckerer Rezepte auf Knopfdruck parat. Das macht den R10 Smart Cooker zum perfekten Unterstützer im Alltag. Die Entscheidung, worauf man Appetit hat, muss man allerdings selbst treffen – eine leichte Übung, wenn der private Chefkoch schon in der eigenen Küche bereitsteht.

PRODUKTINFOS:

Schweiz/China
2021
1.000,00 €

Ritus (shenzhen) Trading Co., Ltd
Qinghu Road, Qinghua Zone, Longhua Street,
Room 2007–2008, Floor 20, Shangmei Center building,
Longhua District, Shenzhen, Guangdong, P.R.China Longhua
District, Shenzhen, Guangdong

www.ritusmix.com

ZUTATENREGISTER

Dieses Rezept findest du auf S. 66.

BLOGGERVERZEICHNIS

A

ANASTASIA (ANJA) SCHLOSSMACHER
castlemaker.de

ANNALENA SCHMITT
annalenasbakery.de

ANTONIO CARAMAZZA
dersizilianischekoch.de

ALEXA
@lexilicious.de

ALICIA UND MERLIN
@daaylish

B

BARBARA UND PAULINE WETEGROVE
nordmahl.de

BETTINA NIGL
homemade-baked.de

BIANCA
@theweeklycookingplaner

BRITTA WAGNER
backmaedchen1967.de

C

CARINA GEPPERT
cleaneatingcarry.at

CAROLINE KAISER
linalsbackhimmel.de

CHRISTINA UND ALEXANDER PESTL
habe-ich-selbstgemacht.de

CHRISTINA RAUSCH
krimiundkeks.de

CLAUDIA
@cloedis_sweet_corner

CLAUDIA WEISSMANN
@claudiaweissmann

D

DANA
savvyandsweets.com

DIANA PATESAN
kochen-mit-diana.com

E

ELLE TEUSCHER
ellerepublic.de

ESTHER JÜRGENS
mintandohlala.com

EVA WAGNER
evchenkocht.de

F

FELIX EICHLER
reiseschmaus.de

G

GABY UND CHRISTIAN KUTSCHKA
savorylens.com

I

INA
deichmadame.de

ISABELLA
@living_cooking_gardening

ISABELLA
lebkuchennest.de

ISABELLE ARNDT
uebersee-maedchen.de

J

JANA NÖRENBERG
nom-noms.de

JAN
esszettel.com

JANINE SCHMIDL
genussdeslebens.de

JESSICA UND SVEN
cookandpott.com

JILL CHRIST
wasjillmacht.blogspot.com

JOELLE
crazykitchenblog.com

JUDITH MARNET
naschkatze.me

JULIA
@_cakeandcoffeestories

JULIA BLAICH
kitchen-spirit.de

JULIA SZAJDAK-BREUCKING
juliassweetbakery.blogspot.com

JULIANE LOBEDA
geschmacksliebe.de

JUTTA LEDER
diekuechenlounge.de

K

KATHARINA KRAUSE-KNISCHEWSKI
pottgewaechs.de

KATHRINA RÜTTGER
kuechentraumundpurzelbaum.de

KATHARINA SCHÄFER
schlemmerkatze.de

KATHARINA WALTER
whatinaloves.com

KATHARINA VAN SONTUM
katharinahatwasausprobiert.blogspot.com

KATJA PIEROTH
stilettosandsprouts.de

KATRIN BEHRENDT
diesonntagsköchin.com

KATRIN HAFNER
katrininthekitchen.com

KATRIN LÖFFLER
katrinsbackblog.com

KATRIN MORLOK
fernwehkueche.de

KIRSTIN HERRMANN
naschware.de

KRISTINA UND VITALI
@wenn_mein_mann_kocht

L

LAURA NIEMI
niemi.ch

LISSI
lissis-passion.de

M

MADELEINE BLECHER UND MALGORZATA KAZISZYN
plantsfoodmind.com

MANUELA PIRRINGER
krautundkoriander.at

MARIA I. MARTINS LOPES UND PERRY J. MARTINS LOPES
resipis.de

MARTINA UNGAR
ninamanie.com

MELANIE
@frau.suessschnabel

MELANIE GROTE-MILLE
mellimille.blogspot.com

P

DR. PIA RHEINGANS
piasdeli.de

R

REGULA ZELLWEGER
altwerden-spaeter.blog

RENATE BLAES
kochlust.renateblaes.de

S

SABINE
mamikochtfueruns.de

SANDRA WIESE
kuechenstuebchen.de

SARAH HIMMELSBACH UND DENNIS HERZNER
mampfness.de

SILVI
@silvisibel

SIMONE SCHEY
zimtkringel.org

SIMONE
@cake_love_sim_backblog

STEFANIE OBERPRILLER
prinzessinnenschmarrn.de

STEPHANIE MORFIS
happymoodfood.com

SUSAN NAWAB-SCHRAML
labsalliebe.com

SWANTJE WENZEL
soulbakery.de

SYLVIA NIEBERT
mixgeschick.blogspot.com

T

TAMARA STAAB
maraswunderland.de

TANJA
@naschundhausglueck.tanja

TANJA HAUSER
ihana.life

TINA-MARIA LENZ
sonntagsistkaffeezeit.de

TOBIAS BAUHAUS
tbfooddrink.de

V

VALENTINA
valesfoodblog.ch

VANESSA
@all.about.vany

VERENA MUNO
culirena.de

VOLKER GRAUBAUM
volkermampft.de

239

IMPRESSUM

© 2022 Callwey GmbH
Klenzestraße 36
80469 München
buch@callwey.de
Tel.: +49 89 8905080-0
www.callwey.de

Wir sehen uns auf Instagram:
www.instagram.com/callwey

ISBN 978-3-7667-2579-0
1. Auflage 2022

Bibliografische Information der Deutschen Nationalbibliothek
Die Deutsche Nationalbibliothek verzeichnet diese Publikation in der Deutschen National-bibliografie; detaillierte bibliografische Daten sind im Internet über <http://dnb.d-nb.de> abrufbar.

DIE AUTORIN
Ronja Kolls ist Weltenbummlerin, Wahlber-linerin und außerdem als erfolgreiche Autorin tätig. Als Redaktionsleitung beim Online-Magazin »Creme Guides Lifestyle & Travel« überzeugt sie mit Liebe zum Detail, besonderen Empfehlungen und einem Gespür für Trends. Für den rezeptebuch.com-Award begibt sie sich auf die Spuren der Foodblogger und verfolgt so auch ihre eigene Leidenschaft: Essen und Genießen!

DIESES BUCH WURDE IN CALLWEY-QUALITÄT FÜR SIE HERGESTELLT:
Beim Inhaltspapier haben wir uns für ein MagnoMatt in 150 g/m² entschieden – ein matt gestrichenes Bilderdruckpapier. Die gestrichene, mattierte Oberfläche gibt dem Inhalt einen edlen und hochwertigen Charakter. Die Hardcover-Gestaltung besteht aus bedrucktem Bilder-druckpapier und wurde mit einem glänzenden UV-Lack auf der Mattcellophanierung veredelt. Dieses Buch wurde in Deutschland gedruckt und gebunden bei optimal Media, Röbel/Müritz.

BILDNACHWEIS:
Umschlagmotiv: Stephanie Morfis von happymoodfood.com
Umschlagrückseite v. o. n. u.: Alexa von @lexilicious.de; Madeleine Blecher und Malgorzata Kaziszyn von plantsfoodmind.com; Britta Wagner von backmaedchen1967.de
Vor-/Nachsatzmotiv: Dr. Pia Rheingans von piasdeli.de
S. 222: LikeMeat
S. 223: EZ Fürstenhof GmbH

S. 224: Frederike Hegner für haehnlein
S. 225: Frederike Hegner für haehnlein
S. 226: Frederike Hegner für haehnlein
S. 227: Frederike Hegner für haehnlein
S. 228: Frederike Hegner für haehnlein
S. 229: Ritus (shenzhen) Trading Co., Ltd
S. 230: Ritus (shenzhen) Trading Co., Ltd
S. 231: Lauren Grey on Unsplash

VIEL FREUDE MIT DIESEM BUCH WÜNSCHEN IHNEN:
Projektleitung:
Amber Holland-Cunz, Lisa Scharr
Lektorat: Constanze Lüdicke
Schlusskorrektur: Andreas Leinweber
Gestaltung: Mario Lombardo
Satz: Daniela Petrini
Herstellung: Dominique Scherzer

Hinweis: Uns ist es ein Anliegen, dass sich alle Geschlechter wahrgenommen und wertgeschätzt fühlen. Im Sinne einer besseren Lesbarkeit der Texte verzichten wir jedoch auf die gleichzeitige Verwendung der Sprachformen männlich, weib-lich und divers (m/w/d). Wo dies möglich ist, bemühen wir uns darum, alle Formen miteinzu-beziehen, oder um neutrale Formulierungen. Sämtliche Personen-bezeichnungen gelten gleichermaßen für alle Geschlechter.

CALLWEY
MIT LIEBE UND SORGFALT BEGLEITET VON
A. Holland-Cunz
SEIT 1884